Buongiorno!

Lago Maggiore, Comer See, Luganer See oder Gardasee – unser Autorenteam, Daniela Schetar und Friedrich Köthe, kennt sie alle bestens. Das Ehepaar fährt von München aus regelmäßig an die Oberitalienischen Seen – und das schon seit Studententagen. Welcher See der schönste ist, lässt sich kaum sagen, meinen sie – es hängt davon ab, was man gerade sucht. Sportliche Aktivitäten in mediterranem Klima? Dann ist der Gardasee das richtige Ziel. Ein bisschen Italianità, Nostalgie und charmante Uferpromenaden? Bietet der Lago Maggiore. Dramatische Landschaft mit Bergen und Seearmen, dazu die gute Tessiner Küche – das ist alles am Luganer und am Comer See zu haben. Und ein Sprung von See zu See lässt sich auch schnell machen, einer liegt neben dem anderen, die Region ist überschaubar.

»DIE REGION IST ÜBERSICHTLICH, UND DER SPRUNG VON SEE ZU SEE LÄSST SICH SCHNELL BEWERKSTELLIGEN.«

URBANITÄT GANZ NAH: MODE UND GROSSE OPER

Im Handumdrehen ist man zudem in Milano, Bergamo, Verona und Brescia, urbanen Zentren mit großer Vergangenheit, quirligem Alltag und viel Kultur. Schicke Modeläden, innovative Architektur, spektakuläre Museen und begeisternde Opernaufführungen sind nur einen Steinwurf entfernt.

GENIESSEN MIT ALLEN SINNEN

Wir wollen nicht verschweigen, dass die kulinarischen Freuden ein sehr überzeugendes Kapital der Region sind: Kastanienbrot, Polenta, marinierte Forellen, sämige Risotti und die feinen Weine ... Der Fotograf Thilo Weimar, der auf Travel-, Food- und Lifestyle-Fotografie spezialisiert ist und schon lange in Bardolino am Gardasee lebt, hatte bei der Produktion dieses Bandes ein Heimspiel. Er zeigt mit seinen Bildern, wie Sie in der Lombardei und im südlichen Tessin jeden Ferientag zu einem perfekten Genuss machen können. Fahren Sie einfach hin!
Herzlich

Ihre

Birgit Borowski

Birgit Borowski
Redaktion DuMont Bildatlas

Die Punta San Vigilio am Gardasee. Für den Veroneser Grafen Agostino di Brenzone, der die Landspitze im 16. Jh. kaufte und bebaute, war sie nicht weniger als der »schönste Ort der Welt«.

68

Der Mann hat gut lachen: Was er da in seinem Tessiner Grotto zusammenrührt, mundet gewiss.

Mailands Galleria Vittorio Emanuele II gleicht einem (Shopping-)Tempel. Ein Zufall ist das nicht.

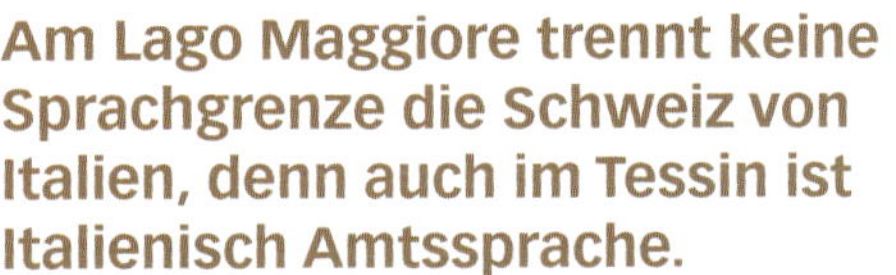

Am Lago Maggiore trennt keine Sprachgrenze die Schweiz von Italien, denn auch im Tessin ist Italienisch Amtssprache.

42

27

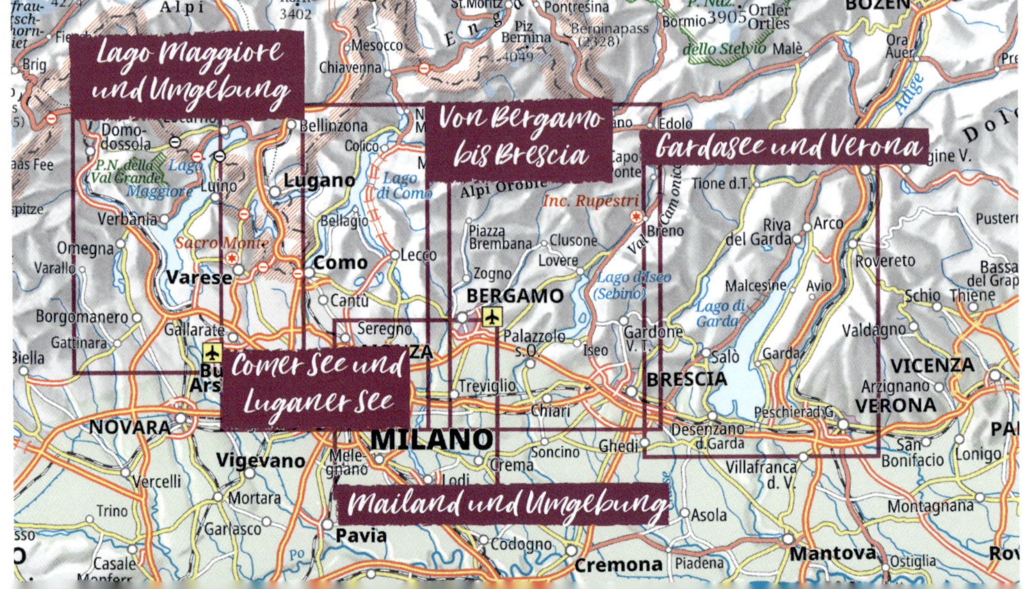

Impressionen

Lago Maggiore und Umgebung

Mailand und Umgebung

Unsere Favoriten

Comer See und Luganer See

Von Bergamo bis Brescia

Gardasee und Verona

Anhang

Das Beste erleben

Berührend, aufregend und spannend ... sind unsere Ideen, die wir für Ihren Aufenthalt an den Oberitalienischen Seen zusammengetragen haben.

Große Kultur

* 1 *

MAILÄNDER DOM

Außen wie innen ein vielschichtiges Bauwerk mit zahllosen kunstvollen und kostbaren Details.

Seite 53

* 2 *

KLOSTER SANTA MARIA DELLE GRAZIE IN MAILAND

Leonardo da Vincis Abendmahl im einstigen Refektorium zählt zum UNESCO-Weltkulturerbe.

Seite 53

* 3 *

DOM VON COMO

Von hier brachten die Magistri Comacini ihre Kunst in die Welt.

Seite 73

* 4 *

PIAZZA VECCHIA IN BERGAMO

Loggia, Markuslöwe und Uhrturm erinnern an Venedigs alte Herrschaft über Bergamo.

Seite 87

* 5 *

KLOSTER SAN-SALVATORE-SANTA-GIULIA IN BRESCIA

Eine faszinierende Zeitreise durch die Geschichte und Kunst von den Römern bis ins Mittelalter.

Seite 88

7

Grüne Wunder

*** 6 ***

BORROMÄISCHE INSELN IM LAGO MAGGIORE

Natur als Kunstwerk: zu filigranen Kaskaden gestutzt, zu bunten Blütenkissen ausgebreitet, in exotische Landschaften verwandelt – ein wahrer Traum!

Seite 36

*** 7 ***

PARCO NAZIONALE DELLE INCISIONI RUPESTRI IM VAL CAMONICA

Chiffren, Symbole und Bilder berichten auf Felsen vom Leben vor 8000 Jahren: Die insgesamt rund 300000 Felsgravuren zählen zum geschützten Welterbe der UNESCO.

Seite 89

*** 8 ***

GIARDINO BOTANICO IN GARDONE

Natur als Traumbild – die Pflanzen- und Kunstwelten von André Heller zaubern ein poetisch anmutendes Reich der Fantasie an den Gardasee.

Seite 112

Reiner Genuss

*** 9 ***

BELLAGIO AM COMER SEE

Erinnerungen an die Belle Époque, an prominente Gäste, rauschende Feste, Liebesdramen und Intrigen.

Seite 73

*** 10 ***

VERONA

Architektur, Kunst und Lebensstil verbinden sich in Verona zu einem „typischen Italien".

Seite 111

EIN SCHIFF WIRD KOMMEN …

Als „kleiner Bruder des Lago Maggiore" wird der Ortasee gern bezeichnet, der westlichste der Oberitalienischen Seen. Hier blicken wir von einem Bootsanleger des Hauptortes San Giulio auf die gleichnamige Isola. Dort erwartet den Besucher eine Basilika, deren Ursprünge vermutlich auf das 4. Jahrhundert zurückgehen.

GLÄSERNER ÜBERBAU

Die nach dem ersten König des vereinten Italien benannte, 1878 eingeweihte Galleria Vittorio Emanuele II ist bis heute eine der Hauptsehenswürdigkeiten Mailands. Unter der 47 Meter hohen Glaskuppelkonstruktion lässt es sich bestens bummeln, einkehren, flanieren – und natürlich shoppen.

Biffi
Bar Ristorante

EIN BISSCHEN LUXUS …

… ist nie verkehrt. Erst recht nicht, wenn sich Luxus, wie beim Fünf-Sterne-Grand-Hotel Villa Serbelloni in Bellagio, mit einer solch herrlichen Lage verbindet: direkt am See, der seinerseits eingebettet ist in eine schwelgerisch mit Reizen prunkende Natur.

ABENDSPAZIERGANG

Still schaukeln die Boote im nachtdunklen Wasser des Lago Maggiore, während das Pflaster der Uferpromenade noch warm ist von der Hitze des Tages. Von den Restaurantterrassen dringt Stimmengewirr und Geschirrgeklapper zu uns herauf; wir aber spazieren erst noch ein Weilchen, kehren dann zurück und würden am liebsten für immer bleiben.

EINE WINDIGE SACHE

Sieht ganz so aus, als hätten die beiden hier beim Surfcenter in Torbole alles fest im Griff. Das ist schön für sie – wie für alle anderen, die gern surfen und wissen, dass sie hier am nordöstlichen Ufer des Gardasees in schönster Regelmäßigkeit auf einen guten Wind hoffen dürfen.

FEUDALE VILLA IM SEE

Dicht vor der Spitze der Landzunge San Fermo steigt die Isola del Garda aus den Fluten. Der heilige Franziskus von Assisi errichtete auf ihr im Jahr 1221 eine Einsiedelei, ein Jahrhundert später soll Dante Alighieri hier geweilt haben. Heute wird die Insel dominiert von der Villa der Grafen Borghese-Cavazza und ihren herrlichen Parkanlagen.

PASTA E OPERA

Ausgehen in einer lauen italienischen Sommernacht ist immer etwas ganz Besonderes. Faszinierend schön aber ist das in Verona, der Stadt der Liebe, wo die Kellner nahe der Piazza Brà im Laufschritt Pasta und Co. servieren, während sich gleich nebenan in der Arena schon die Ränge mit einem opernbegeisterten Publikum zu füllen beginnen.

HOTEL BOLOGNA
RISTORANTE RUBIANI
RISTORANTE RUBIANI

Die idyllischsten Landhotels

KLEINE FLUCHTEN

Der Trend zum Agriturismo, zu Ferien auf dem Lande, ist längst nicht nur auf Bauernhöfe beschränkt. Wir verraten Ihnen, wo Sie an den Oberitalienischen Seen nachhaltig entspannen, ökologisch aktiv sein oder einfach nur rustikal genießen können. Hier unsere liebsten Landhotels.

1 Ökologisch, puristisch, entspannt

Was tun mit einer 1940er- Jahre-Pension in malerischer, wenn auch abgelegener Lage? Ökologisieren! Das Haus modern mit Holz verschalen, ein Biomasse- Kraftwerk aufbauen, ein traumhaftes Öko-Spa einrichten, die Zimmer schick mit Naturmaterialien ausstatten, regionale Bio-Lieferanten engagieren – fertig ist das DA ELDA Natural Retreat in einem Hochtal oberhalb des Ledro-Sees. Was Sie hier so alles unternehmen können? Abschalten in einem der traditionell oder modern gestalteten Zimmer mit Kastanienholzboden. Sich verwöhnen lassen im türkischen Dampfbad oder der finnischen Sauna. Mountainbiken, Schneeschuhwandern, Gleitschirmfliegen, Spazierengehen, das köstlich-gesunde Essen genießen oder auch mal einfach den lieben Gott einen guten Mann sein lassen und am Pool liegend die majestätischen Berge am Talschluss bestaunen.

€€€ DA ELDA Natural Retreat, Via 3 Giugno 3, TN-38067 Ledro, Tel. 0464 59 10 40, www.ledronatura.it

2 Traumblick, Mountainbikes und ein legendäres Grotto

Wer sich hier, in 800 m Höhe über dem Nordwestufer des Comer Sees, einmietet, will vor allem das: auf Mountainbikes oder zu Fuß die grandiose Bergwelt erkunden. Dass der morgendliche Aufbruch aus dem gemütlichen Agriturismo Zertin so schwer fällt, damit konnte man ja nicht rechnen. Das liegt nicht am üppigen, Kräfte für den ganzen Tag verheißenden Frühstück, sondern an der Terrasse, auf der die Gäste bei schönem Wetter den Tag im Freien beginnen. Von ihr stürzt der Blick ab wie ein Adler im Sturzflug, den steilen Hang hinunter in die blau glitzernde Tiefe des Comer Sees. Sich von diesem Panorama trennen, um die Berge hinaufzuradeln oder zu wandern? Aber natürlich, denn die zweite Verheißung sind Polenta, Rippchen und Hauswein im nahen Grotto Dangri. Sie bilden den krönenden Abschluss eines tollen, aktiven Tages.

€€ Agriturismo Zertin, Via ai Monti, 22010 Peglio, Tel. 0331 6 50 58 22, www.agriturismozertin.com

3 Stille zwischen Pinien und Palmen

Das Hotel Conca Azzurra ist ein typisch italienisches Haus, wie man es in den 1970er-Jahren baute: Mit Säulen, Schmiedeeisen, zu putzigen Figuren geschnittenem Buchsbaum, eleganten Pinien und in der Brise wispernden Palmen, schweren Möbeln und viel Nippes – ein bisschen Kitsch gehört in Italien eben dazu! Doch das Besondere ist die Lage! Keine 1000 m entfernt von der Abbazia di Piona am Beginn einer Landzunge, die den türkisen Laghetto di Piona einrahmt, reihen sich unweit des Hotels Badebuchten aneinander – eine idyllischer als die andere. Morgens hat man die Qual der Wahl – hinunter zur Lieblingsbucht am Laghetto oder ein Spaziergang zur Abtei, um deren romanischen Kreuzgang noch vor Ankunft der Touristenbusse zu bewundern?

€€ Hotel Conca Azzurra, Via per l'Abbazia di Piona 119, 23823 Colico Olgiasca, Tel. 0341 93 19 84

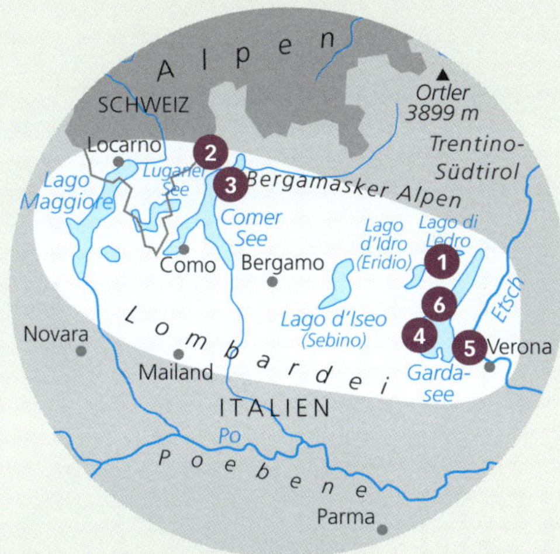

4 Ferien im Olivenhain

Die Cavazzas sind eine Tourismus-Dynastie am westlichen Gardasee. Begonnen haben sie mit einem Campingplatz bei San Felice del Benaco, bald kam ein zweiter dazu und schließlich der Agriturismo La Breda, umgeben von einem immergrünen Olivenhain und direkt gegenüber der Isola del Garda, die übrigens ebenfalls den Cavazzas gehört. So genießt der Gast hier gleich mehrere Vorteile: Er wohnt abseits allen Trubels in netten, ruhigen Apartments am Wasser, badet im Lago oder im ökologischen Schwimmteich, kommt in den Genuss des hauseigenen feinen Olivenöls und individueller Führungen auf der magischen Isola, auf der Franz von Assisi eine Klostergemeinschaft gegründet haben soll. Und wenn die Cavazzas ihre Oliven ernten, machen alle Gäste immer gerne mit.

€€ Agriturismo La Breda, Via Benaco 15, Loc. Baia del Vento, 25010 San Felice del Benaco, Tel. 0328 7 24 63 00, www.agriturismolabreda.com

5 Verona einmal ländlich

Kennen Sie das? Nach einem langen Besichtigungstag in der Stadt finden Sie nachts im Hotelzimmer keine Ruhe, denn das städtische Leben um das Hotel herum tobt weiter. Action und Stille, Stadt und Land zu verbinden – das gelingt im Agriturismo Il Pianetto, der sich knappe drei Kilometer von Veronas Altstadt entfernt in den Torricelle-Hügeln einen Aussichtsbalkon gesichert hat. Zimmer und Apartments sind in zarten Farben modern möbliert. Abends orchestriert das Zirpen der Grillen den Sonnenuntergang, während Sie bei einem Glas Chiaretto zusehen, wie Veronas Altstadt unten in der Dunkelheit versinkt. Morgens weckt Sie dann nicht die Müllabfuhr, sondern ein vielstimmiges Vogelkonzert.

€€ Agriturismo Il Pianetto, Viale dei Colli, 49/d, 37128 Verona, Tel. 0458 34 24 16, www.ilpianetto.it

6 Das Glück der Erde über dem Gardasee

Allein schon der herrliche Blick über den See zum Monte Baldo spricht für den Aufenthalt in der Scuderia, doch der eigentliche Grund, hier oberhalb von Toscolano-Maderno eines der freundlichen Zimmer zu mieten, sind die Pferde. Auf ihnen unternehmen Reiter unter Giovannis kundiger Führung Ausritte durch Wälder und Täler des Naturparks Alto Garda Bresciano, angefangen mit einem kurzen Testritt bis hin zu mehrtägigen Trekkingtouren. Während die einen ihr Glück auf dem Rücken der Pferde suchen, verlassen sich die anderen auf die eigenen zwei Beine und erschließen sich den Naturpark auf einfachen bis anspruchsvollen Wanderungen – die meisten Wege beginnen direkt vor der Tür. Zum Abendessen regen regionale Küche, teils aus Bioprodukten, und feine Tropfen vom Gardasee die Stimmung an, während das nächtliche Glitzerpanorama des Sees für die romantische Note sorgt.

€€ Agriturismo Scuderia Castello, Via Castello 10, 25088 Gaino di Toscolano Maderno, Tel. 0365 64 41 01, www.scuderiacastello.it

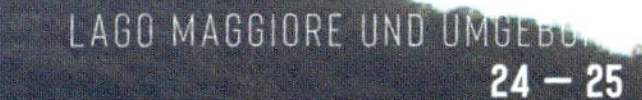

Lago Maggiore und Umgebung

*

HIER BEGINNT DER SÜDEN

*

Ehrwürdige Villen, alter Adel und junge Weltverbesserer prägen die Szene am Lago Maggiore. Wer den See mit dem Auto oder im Zug über die Alpen kommend erstmals zu Gesicht bekommt, erkennt sofort: Hier beginnt der Süden. Die mediterrane Vegetation ist eindeutig, nur die alpine Kulisse mag etwas irritieren ... jedenfalls auf den ersten Blick.

Blick von Orta San Giulio auf die Isola San Giulio im westlich vom Lago Maggiore gelegenen Ortasee

Ganz oben: die hoch über Locarno thronende Wallfahrtskirche Madonna del Sasso.
Darunter: an der Uferpromenade von Ascona.

Heut geh'n wir ins Maxim? Nein. Ins Lido? Auch nicht, aber in die Via Lido, wo in Asconas „Delta Beach Lounge" Party angesagt ist. Nur heißt die hier nicht „Party", sondern „Event", klar …

Ronco sopra Ascona ist ein malerisches Bergdorf mit herrlichem Blick über den Lago Maggiore.

AUCH IM TESSIN IST ITALIENISCH AMTSSPRACHE (UND FÜR 85 PROZENT DER BEVÖLKERUNG ZUGLEICH MUTTERSPRACHE).

Festlich mit Blüten und marmornen Göttern geschmückt liegt die Isola Bella wie ein Prunkdampfer im Golf von Verbania. Stufe für Stufe steigt ihre südliche Hälfte als schwimmender Barockgarten steil aus dem See. Seit dem 17. Jahrhundert bezaubern sie und die anderen Borromäischen Inseln die Besucher des Lago Maggiore. Vor allem die zehn Gartenterrassen der Isola Bella wirken so surreal, als seien sie der Feder eines M.C. Escher entsprungen. In Pyramidenform verjüngend staffeln sie sich übereinander, dekoriert mit zahllosen Statuen, Brunnen, Obelisken. Rhododendronhecken, Rosenkaskaden und Azaleenkissen setzen Farbexplosionen ins marmorne Grau, Bitterorangen und Zitronen verströmen Aromawolken, und als sei all diese Pracht noch nicht genug, stolzieren schneeweiße Pfaue, die Wappentiere der Borromei, über den akkurat gestutzten Rasen. Carlo III Borromeo ließ das Felseiland im 17. Jahrhundert für seine Gattin als Sommerresidenz gestalten; drei Generationen bauten daran, bis der Palast und der herrliche Garten, nach Carlos Wunsch als *luogo di delizie*, als Ort der Wonnen, vollendet waren. Obwohl sie zu den größten Touristenattraktionen im und um den Lago Maggiore zählt, wirkt die „Bella" heute, 350 Jahre später, immer noch verwunschen.

Wie die Isola Bella kennt ihre Nachbarin, die Isola dei Pescatori, eine Zeit vor und nach dem Tourismus. Davor lebten

Der richtige Kick für Adrenalinjunkies: Bungee-Jump von der 220 Meter hohen Verzasca-Staumauer.

In zwei Bögen schwingt sich der Ponte dei Salti bei Lavertezzo im Verzascatal über den Fluss. Dessen – die Farbe der üppig wuchernden Umgebung widerspiegelndes – „grünes Wasser" („verde acqua") gab dem Tal seinen Namen.

Kirchturm von Intragna im wildromantischen Centovalli.

hier Fischerfamilien, heute verbummeln auf der Landzunge Tagesbesucher ihre Zeit bis zur Abfahrt der Fähre. Im Dorf sind die alten Fischerhäuser hinter den Girlanden von Sonnenhüten, Billighandtäschchen und Muschelmobiles kaum noch zu erahnen. Restaurants, Cafés und Souvenirgeschäfte haben das Regime übernommen. Doch wenn abends das letzte Boot ablegt, sitzen auf einmal wieder die Männer am Kai und flicken ihre Netze, während die Frauen lautstark mit der Nachbarin diskutieren.

STAMMBAUM MIT HEILIGEM

Die Conti di Borromeo führen ihre Ahnengalerie bis ins 13. Jahrhundert zurück und zählen sogar einen Heiligen, den Mailänder Erzbischof Carlo Borromeo (1538 bis 1584), zu den ihren, was sie über andere italienische Adelshäuser erhebt. Die Familie bezieht daraus ein gesundes Selbstbewusstsein: 1797 weigerte sich der Conte, Napoleon zu empfangen, als der Kaiser sich eigenmächtig auf der Isola Bella einquartiert hatte, und Principessa Bona, Familienoberhaupt in den 1980er-Jahren, zeigte einst Silvio Berlusconi die kalte Schulter.

Diskretion ist oberstes Gebot, das sollte auch für die jüngste Generation gelten, die sich schlagzeilenträchtig mit dem Fürstenhaus zu Monaco und den Fiat-Agnellis liiert hat. Aber des heiligen Carlos Motto „Humilitas“, Demut, gilt offenbar nicht für alle Familienmitglieder, obwohl das Wort sich allerorten auf der Insel findet und das Familienwappen schmückt. Ob diese „Demut“ der Grund dafür ist, dass die Borromei nach wie vor den Sommer auf der Isola verbringen, belagert von Tausenden Tagesbesuchern? Oder hat es mehr damit zu tun, dass die adlige Familie auf den Genuss dieses traumhaften Anwesens nicht verzichten will – genauso wenig wie auf die Einkünfte aus Ticket- und Souvenirverkauf?

»DAS IST DER GENIESSERISCHSTE PLATZ, DEN ICH AUF DER WELT GESEHEN HABE.« GUSTAVE FLAUBERT

ITALIEN TRIFFT SCHWEIZ

Anders als der Comer See weiter östlich besitzt der Lago Maggiore trotz seiner Borromäischen Inseln, trotz der von herausgeputzten Nostalgievillen und -hotels gesäumten Seepromenaden in Ferienorten wie Verbania oder Stresa, trotz seiner fantastischen Gärten und Parks um die Villa Taranto, Villa S. Remigio oder die Isole di Brissago kein wirklich mondänes Flair. Staunend bewundert man in Verbania die kamelienumstandene Villa Giulia in all ihrer Belle-Époque-Eleganz, in Baveno die k.u.k.-Herrlichkeit des Hotels Lido Palace, und erstarrt ein paar Meter weiter vor einer pseudomittelalterlichen Burgruine, die ein reicher Engländer ohne ästhetischen Sinn und Verstand an den See setzen durfte. Die Sehnsucht nach mildem Klima und Italianità, die im 19./20. Jahrhundert so viele Nordländer an den „Langensee“ zog, trieb gelegentlich auch seltsame Blüten. Die meisten davon, so die Aussteigerkolonie des Monte Verità, gediehen allerdings an den Schweizer Gestaden des Lago Maggiore, die sich im Norden an etwa einem Fünftel des Seeufers entlangziehen.

ZAUBER FÜR SONNENHUNGRIGE

Von der Terrasse der Wallfahrtskirche Madonna del Sasso oberhalb von Locarno breitet sich dieser dem Tessin zugehörige Teil des Sees wie ein antikes Theater vor dem Betrachter aus. Vom

Auch in Orta San Giulio, am Ostufer des Ortasees, gehört die abendliche „passeggiata“, das Flanieren durch die Gassen und über die Plätze, zu den wichtigsten Ritualen.

Die herrliche Pflanzenwelt des Parks der Villa Taranto, der den größten Teil der Landzunge Punta della Castagnola einnimmt, profitiert vom mediterranen Klima im südlichen Teil des Lago Maggiore.

Blick auf Mergozzo am gleichnamigen, naturbelassenen See.

Val Grande

Special

Gneis, Granit & Einsamkeit

Dichte Buchen- und Bergahornwälder branden gegen schroffen Fels; Kaskadenschleier stürzen sich über Hänge; Zistrosen tupfen rosa Kleckse dazwischen: Gleich neben dem Lago Maggiore wuchert dieses Urwalddickicht.

Grau gegen Grün sind die Farben des Val Grande: Wanderer treffen im 146 Quadratkilometer großen Schutzgebiet auf eine Wildnis, wie sie sonst in den Alpen kaum zu finden ist. Dazu gehören oft uneindeutig markierte Pfade, die das Navigieren per Karte oder GPS zur unerlässlichen Kunst erheben, und mit schweren Steinplatten gedeckte Schutzhütten, in denen die Feuerstelle den einzigen Luxus darstellt. Dazu gehören auch Heidelbeerfelder und mit Lianen überwucherter Wald, Einsamkeit sowie der herrliche Blick vom Pizzo Marona zum Lago Maggiore.

schmalen, mit Platanen und Fächerpalmen bestandenen Uferstreifen steigen die Berge zu einem majestätischen, blaugrünen Rund auf, dessen höchste Lagen sich noch im späten Frühjahr schneebezuckert präsentieren. Was einst eine Kleinstadt (Locarno) und ein beschauliches Fischerdorf (Ascona) war, ist heute zu einem von Hochhäusern der internationalen Banken dominierten Gebäudekonglomerat zusammengewachsen. Und doch ist der Zauber zu spüren, den das Nordende des Lago Maggiore auf Sonnenhungrige ausübte. Nach beschwerlicher Reise über die Schweizer Alpen standen sie vielleicht eben hier, erfasst von der milden Luft, dem Duft von Lorbeer, dem weichen Licht – und wandelten sich von Sommerfrischlern zu Zivilisationsflüchtigen.

SCHWIERIGE SINNSUCHE

Wie die seltsame Gemeinschaft, die ab dem Jahr 1900 am Monte Verità, dem „Wahrheitsberg" im Westen von Ascona, ihre Zelte aufschlug, um ihre Vorstellung vom alternativ-utopischen Lebensentwurf an der Realität zu messen. Den Gründern, die den Hügel oberhalb von Ascona erwarben, folgten Aussteiger, Literaten, Philosophen und Anarchisten. Das Experiment verlor sich nach 20 Jahren im Ungefähren, wirkt aber bis heute nach. Nicht nur in den Ideen von Alternativen, sondern auch als Erbe, das der Kanton Tessin bislang nur schwerfällig verwaltete. Die berühmten, aus Holz erbauten „case" der Gemeinschaft werden zwar seit Jahren renoviert, doch kaum etwas geht voran. Auch das Testament Eduard von der Heydts, der den Berg 1926 übernahm, darauf ein Bauhaus-Hotel errichtete und alles dem Kanton vermachte, blieb lange unerfüllt: Nach seinem (letzten) Willen sollte der Monte Verità für künstlerische und kulturelle Aktivitäten mit länderübergreifender Ausstrahlung genutzt werden. Abgesehen von einigen zaghaften Aktionen war es aber recht lange damit nicht weit her. Bis die im Jahr 2013 ins Leben gerufene literarische Primavera Locarnese unter dem passenden Motto „Utopien und herrliche Obsessionen" Dichter und Denker auf dem Monte Verità versammelte. Es kamen, lasen, diskutierten europäische Intellektuelle wie der Triestiner Schriftsteller Claudio Magris, die Deutschen Hans Magnus Enzensberger und Peter Sloterdijk oder der italienische Architekt Mario Botta – und auf dem Berg wehte ein Hauch des alten Geistes. Den beschwört das Symposium unter dem Namen Eventi letterari Monte Verità nun jedes Jahr. Das Wohnhaus des Gründers, die Casa Anatta, wurde zum Museum umgebaut, und die beiden „Lufthäuser" Casa dei Russi und Casa Selma stehen bereits Besuchern offen.

Literarische Landschaft Tessin

»VIEL GUTES, JA WUNDERBARES«

Seinen Anfang nahm der Rückzug mitteleuropäischer Geistesgrößen ins schweizerische Tessin bereits Ende des 19. Jahrhunderts. Im darauffolgenden Jahrhundert zog der Kanton als Nabel der intellektuellen Szene viele Schriftsteller und Philosophen an. Heute pilgern Literaturfans auf ihren Spuren hierher.

In der Casa Camuzzi in Montagnola lebte Hermann Hesse in den Jahren 1919 bis 1931, von seiner Wohnung hatte er einen weiten Blick über den Luganer See. In der nahen Torre Camuzzi residiert heute ein dem Schriftsteller gewidmetes Museum.

Wenn ich diese gesegnete Gegend am Südfuß der Alpen wiedersehe, dann ist mir zumute, als kehrte ich aus einer Verbannung heim, als sei ich endlich wieder auf der richtigen Seite der Berge", schrieb Hermann Hesse über sein Domizil in Montagnola hoch über dem Luganer See. Auch wenn das ihm dort gewidmete Museum nicht sein Wohnort war, so kann man sich doch gut vorstellen, wie der Dichter an seinem Schreibtisch die eindrucksvolle Geschichte von Siddharta Form und Gestalt annehmen ließ, wie er durch den Garten spazierte, den vom vielen Denken müden Kopf beschattet mit einem breitkrempigen Strohhut, noch als bald Neunzigjähriger! Als Besucher des Museo Hermann Hesse blickt man durchs Fenster und stellt sich vor, wie der Meister an seinem Pult sitzend in die Landschaft hinausblickte – der Dichter hat „in Montagnola viel Gutes, ja Wunderbares erlebt" und, wie er ebenfalls schrieb, „dem Dorf und seiner Landschaft viel zu danken." Ins Tessin, das er als sein „ersehntes Asyl" bezeichnete, war er 1919 gekommen, nach dem Ersten Weltkrieg.

Zugeschrieben wird Hesses Entdeckung des Tessin der Wirkung, die damals die lebensreformatorische Gemeinschaft des Monte Verità am benachbarten Lago Maggiore auf Intellektuelle wie ihn ausübte. Was in Kunst, Literatur, Tanz und Philosophie Rang und Namen hatte, traf sich auf dem Berg der Wahrheit: Hans Arp, Ernst Bloch, Gerhard Hauptmann, Marianne von Werefkin, C.G. Jung und viele andere mehr – die Liste der Prominenz ist lang. Nicht wenige waren auf der Flucht oder von der Heimat enttäuscht: Der russische Anarchist Michail Bakunin verbrachte in Minusio bei Locarno von 1869 bis 1876 seine letzten Jahre. Minusio wurde auch Domizil des von Nazideutschland angeekelten Dichters Stefan George, der von 1931 bis zu seinem Tod 1933 in einer alten Mühle lebte. Der Historiker Golo Mann zog sich nach dem Zweiten Weltkrieg nach Berzona im Onsernonetal zurück. Das abgelegene, ehemalige Strohflechterdorf beherbergte außerdem den Schriftsteller Alfred Andersch, der im Jahr 1958 zu Mann stieß, und ab 1964 Max Frisch. Zu dritt trafen sie sich zum Weintrinken und Kartenspielen.

Hesse-Museum in der Torre Camuzzi: „Hier scheint die Sonne inniger, und die Berge sind röter, hier wächst Kastanie und Wein, Mandel und Feige, und die Menschen sind gut, gesittet und freundlich." (Hermann Hesse)

DER TRAUM VOM EINFACHEN LEBEN

Nach den Schrecken der beiden Weltkriege war es wohl das Bedürfnis nach dem einfachen, unverfälschten, ernsten Leben, das die von der Zivilisation Enttäuschten faszinierte. Südlich der Alpen gaben sich Luft und Licht schon mediterran, doch weich und ohne die stechende Hitze weiter unten in den Ebenen. Auch die Menschen an Lago Maggiore und Luganer See ließen die anziehende Leichtigkeit des „dolce far niente" schon spüren, aber auf die Unverbindlichkeit des Südens verzichteten sie.

Die Krimikönigin Patricia Highsmith, die sich mit ihren Katzen ab 1981 zunächst in Aurigeno im Maggiatal und ab 1988 bis zu ihrem Tod im klimatisch etwas freundlicheren Tegna oberhalb des Lago Maggiore vergrub, hatte allerdings neben der Sehnsucht nach Einsamkeit auch ganz handfeste Gründe für ihren Rückzug ins Tessin. In ihrer Wahlheimat Frankreich wurde sie vom Fiskus der Steuerhinterziehung verdächtigt und ihr Haus durchsucht. So etwas konnte ihr in der Schweiz nicht passieren.

Museo Hesse in Montagnola

Die Häuser von Max Frisch in Berzona, von Patricia Highsmith in Tegna und von Hermann Hesse in Montagnola existieren zwar nach wie vor, sind aber weder gekennzeichnet noch zugänglich. In Montagnola vermittelt das Museo Hermann Hesse einen Eindruck von der Lebens- und Arbeitswirklichkeit des Dichters (Torre Camuzzi, Montagnola, in der Hochsaison tgl. 10.30–17.30 Uhr, sonst nur Sa. u. So., www.hessemontagnola.ch). Hesses Grab befindet sich unterhalb des Ortes auf dem Friedhof S. Abbondio.

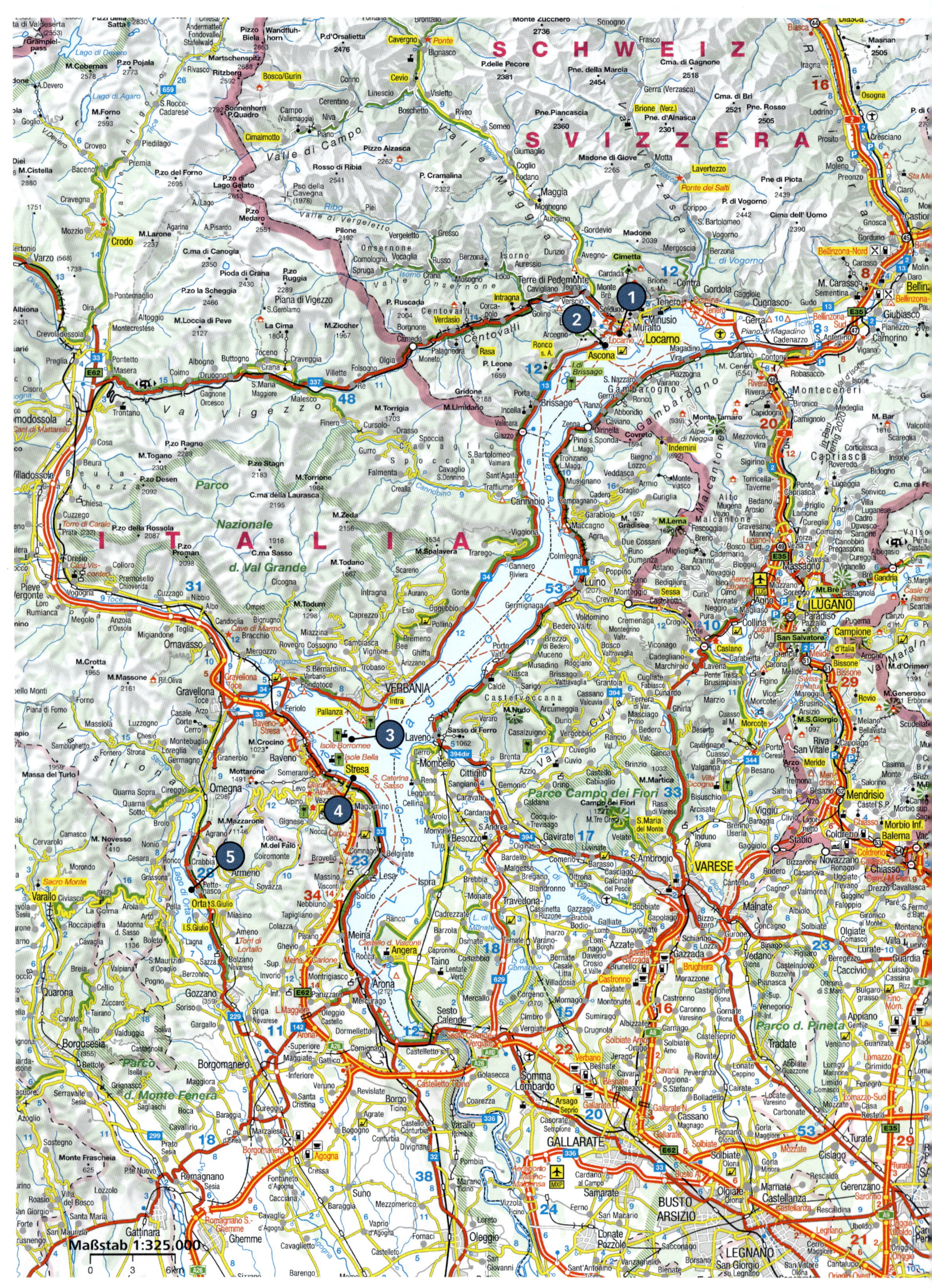

SCHWEIZ
SVIZZERA
ITALIA
1
2
3
4
5
Locarno
Ascona
Brissago
Cannobio
Luino
Verbania
Pallanza
Stresa
Baveno
Laveno
Isole Borromee
Isola Bella
Angera
Arona
Sesto Calende
Lugano
Varese
Domodossola
Omegna
Orta S.Giulio
Borgomanero
Gallarate
Busto Arsizio
Legnano
Mendrisio
Bellinzona
Parco Nazionale d. Val Grande
Parco Campo dei Fiori
Parco d. Monte Fenera
Maßstab 1:325.000
0
3
6km

PALMEN UND SCHNEEBERGE

Mit 66 km Länge und bis zu 10 km Breite wirkt der Lago Maggiore auf Landkarten wie ein Wurm, der sich aus den Schweizer Südalpen kommend weit in die italienische Poebene schlängelt. Etwa ein Fünftel des Sees gehört zum Schweizer Kanton Tessin, den Rest teilen sich die italienischen Regionen Piemont (West) und Lombardei (Ost).

1 Locarno

Die Stadt am Nordende des Lago Maggiore wirkt größer, als ihre Einwohnerzahl (16 000) vermuten lässt. Durch steile Bergflanken vor Nordwinden geschützt, entfaltet sich in ihren Parks eine mediterrane Pflanzenpracht. Der wirtschaftliche Aufschwung als Finanzplatz ab den 1950er-Jahren bescherte Locarno zahlreiche Hochhausbauten und eine stark zersiedelte Peripherie.

Locarnos Piazza Grande mit ihren eleganten Arkadenhäusern verwandelt sich während der Filmfestspiele in ein grandioses Freiluftkino.

SEHENSWERT/MUSEUM

Die aus dem 14. Jh. stammende **Torre del Comune** wacht über das bunte Treiben auf dem zentralen Platz, der von Arkaden gerahmte Piazza Grande. Ein Stück nach Westen erhebt sich das zinnengekrönte **Castello Visconteo** (12. Jh.). Das **Museo Civico e Archeologico** zeigt hier archäologische Funde, historische Möbel und Gemälde (Via B. Rusca 5, Mitte März bis Dez. Di.–So. 10.00–16.30 Uhr, castellolocarno.ch). Die Kirche **S. Vittore** (11./12. Jh.) im Osten birgt u. a. romanische Fresken. Imposant: die von fantasiereich skulptierten Säulenkapitellen gestützte romanische Krypta unter dem Chor. Markt auf der **Piazza Grande** ist donnerstags.

VERANSTALTUNG

Festival Internazionale del Film jährlich im August auf der Piazza Grande (www.locarnofestival.ch).

RESTAURANT & UNTERKUNFT

Regionale Küche wird in der **€€€ Locanda Locarnese** neu interpretiert. Das sympathische Lokal an der Piazza Grande zählt zu den besten der Stadt (Via Bossi 1, Tel. 091 7 56 87 56, www.locandalocarnese.ch). Rustikaler ist die kunterbunt eingerichtete **€€€ Osteria Borghese** mit täglich wechselnder Karte und hausgemachter Pasta (Via Borghese 20, Tel. 091 7 51 04 98). Im **€€€€ Hotel Belvedere** oberhalb des Zentrums begeistern die Aussicht ebenso wie der angenehme Spa-Bereich und das freundliche Personal (Via ai Monti della Trinita 44, Tel. 091 7 51 03 63, www.belvedere-locarno.com).

UMGEBUNG

Eine Marienerscheinung löste den Bau der in 355 m Höhe über Locarno liegenden Wallfahrtskirche **Madonna del Sasso** (16./17. Jh.) aus. Im Inneren ist das Gotteshaus reich barock ausgestattet. Die „funicolare" (Standseilbahn) fährt ab der Via Ramogna neben dem Bahnhof alle 15 Min. hinauf. Gemächlich ist auch ein Ausflug mit der **Centovallibahn** – und der kurvenreichen Fahrt mit dem Auto vorzuziehen. Vom Zug aus können Sie die „hundert Täler" (Centovalli) zwischen Locarno und dem italienischen Domodossola richtig genießen.

INFORMATION

Ascona-Locarno, Piazza Stazione, Tel. 0848 09 10 91, Stazione FFS Locarno, www.ascona-locarno.com

2 Ascona

Seine steile Karriere verdankt Ascona den Aussteigern auf dem Monte Verità. Durch sie in den Fokus der europäischen Intellektuellen gerückt, verwandelte sich das Fischerdorf zu Beginn des 20. Jh.s in eine mondäne Sommerfrische. Einen gotischen Freskenschatz birgt die im 14./15. Jh. erbaute Kirche **S. Maria della Misericordia**. Der rund 300 m lange Sandstrand des **Bagno pubblico** lädt mit schattigen Pappeln, Liegewiesen und Aktivitätsangeboten zum erholsamen Badegenuss (Via Fenaro). Größer und komfortabler mit Liegen, Sonnenschirmen und einer Lounge ausgestattet ist der **Lido di Ascona** (Via Lido 81). Am Abend genießt man in der **Delta Beach Lounge** am Lido

Tipp

Val Verzasca

Feigen, Bananen, Weinreben umwuchern mit Schieferplatten gedeckte Steinhäuser, über 2000 m hohe Bergriesen begleiten den Lauf des Flüsschens Verzasca, das auf seinem Weg durch das 25 km lange Tal das geäderte Gestein zu gerundeten Fantasiegebilden und Gumpen ausgewaschen hat. Der doppelbogige Ponte dei Salti bei Lavertezzo bietet zusammen mit den erodierten Felsen und dem türkisgrünen Fluss ein herrliches Fotomotiv. Auch zahlreiche einfache bis sehr anspruchsvolle Wanderungen sind im Val Verzasca möglich.

»SIE IST WUNDERBAR SCHÖN, UND VOM ALPINEN BIS GANZ ZUM SÜDLICHEN IST ALLES DA.«

HERMANN HESSE ÜBER SEINE WAHLHEIMAT TESSIN

(Via Lido, Tel. 091 791 40 60, https://de.deltabeach.ch) exotische Snacks und Drinks in entspannter Atmosphäre mit Blick auf den See.

RESTAURANT & UNTERKUNFT
Viel Krimskrams dekoriert den Gastraum; die Küche der **€€€ Osteria Nostrana** ist gut und bodenständig mit Pizza aus dem Holzofen (Piazza Giuseppe Motta, Tel. 091 791 51 58). In einem originalen Bauhaus-Hotel mit klaren Linien und Zimmern verschiedener Kategorien wohnen Sie im **€€€ Monte Verità** auf dem gleichnamigen Hügel (Tel. 091 785 40 40, www.monteverita.org). Das **€€€ Hotel Pironi** liegt im Nachbarort Cannobio im Herzen der historischen Altstadt und ist ein vorbildlich renoviertes ehemaliges Franziskanerkloster aus dem 15. Jh. (Via Marconi 35, Cannobio, Tel. 0323 7 06 24, www.pironihotel.it). Die lauschige **Trattoria Cannobio da Ale & Vale** liegt nur wenige Minuten entfernt (Via G. Branca 1, Tel. 0323 1 97 68 64).

UMGEBUNG
Spurensuche um Ascona: **Monte Verità**, **Tegna** und **Berzona** sind Pilgerorte für Literaturfans (siehe „Zur Sache“, S. 32). Pflanzenfreunden sei ein Ausflug zum **Botanischen Garten** auf der Isola Grande der **Isole di Brissago** empfohlen. Artenvielfalt und leuchtend bunte Blütenpracht den ganzen Sommer über sind einer Baroness zu danken, die 1885 die Inseln kaufte und die Gärten anlegen ließ (www.isolebrissago.ch, März–Okt. tgl. 9.00–18.00 Uhr, Schiffsverbindungen unter www.navigazionelaghi.it). Eine Zeitreise ins Mittelalter verspricht 15 km südl. der Besuch in **Cannobio**. Der 5000-Seelen-Ort hat eine hübsche, von pastellfarbenen Häusern mit tiefen Laubengängen gesäumte Uferpromenade. Kopfsteinpflastergassen führen durchs kleine Ortszentrum, vorbei an Boutiquen, Souvenirläden und ehrwürdigen Palazzi, deren Gärten sich hinter Lorbeerhecken verstecken. Ein Kontrastprogramm zum quirligen Lago Maggiore verspricht 45 km südwestl. der **Lago di Mergozzo**: Der kleine See zählt zu den saubersten Gewässern Italiens. Der gleichnamige Ort am Nordufer wirkt mit seinen übereinander gestaffelten alten Häusern überaus malerisch. Eine Spezialität sollten Sie unbedingt probieren: Die Fugascina wird traditionell zum Patronatstag der hl. Elisabeth (2. Juli) zubereitet; in der Caffetteria la Fugascina bekommen Sie das angenehm aromatisch nach Marsala und Zitrone schmeckende Gebäck das ganze Jahr über (Via Frattini, www.fugascina.it).

INFORMATION
Ascona-Locarno Turismo, Viale Papio 5, Ascona, Tel. 0848 09 10 91, www.ascona-locarno.com
Pro Cannobio, Via A. Giovanola 25, Cannobio, Tel. 0323 7 12 12, www.procannobio.it

3 Borromäische Inseln

Die **Borromäischen Inseln TOPZIEL**, vier Inseln im Golf von Verbania, gehören seit dem 12. Jh. zum Besitz der Adelsfamilie Borromeo, die hier am See und in Mailand großen politischen und wirtschaftlichen Einfluss hatte und teils noch hat. Isola Bella und Isola S. Giovanni werden bis heute von Familienmitgliedern bewohnt.

SEHENSWERT
Auf der **Isola Bella**, ursprünglich eine Felseninsel, ließ Carlo III Borromeo im 17. Jh. einen Palast errichten. Aufgeschüttete Erde wurde zu Terrassen gefasst und mit einem herrlichen Barockgarten bepflanzt. Neben diesem fantasievoll mit Statuen, Putten und Vasen geschmückten Garten besichtigen Besucher einige Räume des Palazzo und eine üppig mit Muscheln dekorierte Grotte. Im Gegensatz zur barocken Geometrie der Terrassen steht die englische Parkanlage auf der **Isola Madre**: Lange wurden auf ihr Getreide und Oliven angebaut, bis die Borromeos im 19. Jh. namhafte Gartenarchitekten beriefen und die Insel umgestalten ließen. Wie auf der Isola Bella begeistert auch hier die Vielfalt an Bäumen und Pflanzen, vor allem zur Blütezeit die Kamelienallee (www.isoleborromee.it, Ende März–Ende Okt., tgl. 10.00–17.00 Uhr). Die **Isola dei Pescatori** gehört nicht mehr zum Besitz der Borromeo-Familie; sie wurde mehr als 700 Jahre lang von Fischern bewohnt. Zwei parallel verlaufende, von alten Bürgerhäusern gesäumte Gassen erschließen das längliche Eiland. Mit Souvenirgeschäften, Cafés und Restaurants ist sie heute vor allem ein beliebtes Shopping-Ziel am See (Abfahrt der Schiffe von Stresa oder Baveno, Fahrtzeiten: www.navigazionelaghi.it).

RESTAURANT & UNTERKUNFT
Unter den Restaurants auf der Isola dei Pescatori ist das des **€€ Hotels Belvedere** besonders zu empfehlen, denn es pflegt trotz des Rummels eine hohe kulinarische Tradition mit exzellenter Küche. Zudem sitzt man besonders abends angenehm mit Blick auf die beleuchtete Uferlinie gegenüber. Wer nicht mit dem Taxiboot zurückfahren möchte, kann in einem der hübsch eingerichteten Zimmer des Hotels übernachten (Ristorante Albergo Belvedere, Isola dei Pescatori, Stresa, Tel. 0323 3 22 92, www.belvedere-isolapescatori.it).

4 Stresa

Stresas Uferpromenade entführt in eine Ära, in der die bunten Uniformen des Habsburger Vielvölkerreiches sowie Korsagen und Seidenschirmchen das modische Geschehen in dem damals überaus mondänen Ferienort prägten. Viele der früheren Villen und Hotels sind restauriert und wirken, als sei die k.u.k.-Zeit noch längst nicht vorbei. Stresa ist Ausgangspunkt für Schiffsausflüge auf die Borromäischen Inseln, die in zeitloser Schönheit vor dem Hafen dümpeln. Im Schutz des 1491 m hohen Monte Mottarone ist das Klima sehr mild, was die Blütenpracht überreich bestätigt. Die Altstadt mit ihren Restaurants und Geschäften lohnt einen ausgiebigen Bummel.

RESTAURANT & UNTERKUNFT
Italienische Hausmannskost und krosse Pizzen serviert die **€€ Osteria degli Amici** (Via Bolongaro 33, Stresa, Tel. 0323 3 04 53). Abends kann es im originellen **€€€ La Botte** richtig hektisch werden: Dann ist jeder Tisch besetzt, und der Chef läuft zur Hochform auf. Das Essen mundet stets hervorragend (Via Mazzini 6/8, Stresa, Tel. 0323 3 04 62). Wie vor 150 Jahren umfängt das **€€€ Hotel Bristol** seine Gäste mit Luxus, Prunk und viel Nostalgie. Angenehm sind die geräumigen Zimmer und das üppige Frühstücksbuffet (Corso Umberto I 73, Stresa, Tel. 0323 3 26 01, https://zaccherahotels.com/grand-hotel-bristol).

UMGEBUNG
Auf Stresas Hausberg **Monte Mottarone** führen eine kurvenreiche Mautstraße und eine Seilbahn, die allerdings seit einem folgenschweren Unfall im Mai 2021 nicht mehr fährt. Den gut 20-minütigen Weg vom Parkplatz zum Gipfel be-

Farbenpracht

Die **Villa Taranto** hat die schönsten Gartenanlagen am Lago Maggiore. Deren Vielfalt reicht vom englischen Landschaftsgarten voller exotischer Baumriesen über barocke Terrassengärten, in denen Rosen zwischen Fontänen blühen, bis zu einem Rhododendronwald. Und zur Dahlienblüte im Sommer explodieren die Farben! Zu verdanken ist die Pracht dem Schotten Neil McEacharnd, der das Gelände 1931 erwarb und in ein blühendes Paradies verwandelte.

VILLA TARANTO
Verbania Pallanza, Tel. 0323 55 66 67, Mitte Mai–Ende Okt. tgl. 9–16.30/18.00 Uhr, www.villataranto.it

Tipp

Erbe der Welt

Per Schiff, Lift oder über einen steilen Treppenweg gelangen Besucher von Reno hinunter zur **Wallfahrtskirche S. Caterina del Sasso,** die einige Meter über dem zur Lombardei gehörenden Ostufer des Lago Maggiore förmlich an einer Felswand klebt. Aus einer Einsiedelei entwickelte sich im 14./15. Jh. ein Kloster, dessen Kirche den Leichnam des Einsiedlers Beato Alberto bewahrt. Eindrucksvolle Renaissancefresken schmücken das zum UNESCO-Welterbe zählende Gotteshaus.

INFORMATIONEN
www.santacaterinadelsasso.it

lohnt ein grandioses Panorama auf Lago Maggiore und Lago di Orta.

INFORMATION
Ufficio Turistico, Piazza Marconi 16, Stresa, Tel. 0323 3 13 08, www.stresaturismo.it

5 Lago di Orta

Wie seine größeren Brüder sehr lang und schmal geformt, schmiegt sich der westliche Abschluss der oberitalienischen Seenkette zwischen den 1491 m hohen Monte Mottarone im Osten und die Valsesia-Berge im Westen.

SEHENSWERT
Steil führen die Gassen des Hauptortes **Orta S. Giulio** von der Anhöhe hinunter zur Seepromenade mit ihren Restaurants und Boutiquen. Von Orta aus starten die Ausflugsschiffe zur **Isola S. Giulio**, die ab dem 4. Jh. besiedelt wurde. Das erste Gotteshaus bildet den Kern der heute im gotisch-barocken Stilmix gestalteten **Basilica S. Giulio**, deren Campanile die Insel überragt. Den **Sacro Monte** östlich des Ortes krönt ein im 16. Jh. errichtetes Franziskanerkloster; der hl. Franz von Assisi ist auch Thema der Kreuzwegsstationen (1591–1788). Mit anderen Sacri Monti zählt der Wallfahrtsberg zum UNESCO-Welterbe.

RESTAURANT & UNTERKUNFT
Die **€€€€ Villa Crespi** ist allein schon wegen ihrer Lage in einem Park am See erste Wahl. Historisch eingerichtete Zimmer und perfekter Service steigern das Vergnügen (Via G. Fava, 18, Tel 0322 91 19 02, www.villacrespi.it). Sowohl der Seeblick als auch das Essen lohnen einen Besuch im **€€€ Venus** (Piazza Motta 50, Tel. 0347 4 66 74 47, www.ristorante-venus.it).

INFORMATION
Ufficio Informazione Turistica, Via Panoramica 1, Orta S. Giulio, Tel. 0322 90 51 63, www.comune.ortasangiulio.no.it

SACRO MONTE D'ORTA – NATUR, KUNST, GLAUBEN

Um die Wende vom 16. zum 17. Jahrhundert erfasste die Menschen im Piemont und in der Lombardei eine so tiefe Frömmigkeit, dass sie ihren Glauben in Stein verewigt sehen wollten. Neun „heilige Berge“, die Sacri Monti, entstanden in dieser Zeit auf Hügelkuppen. Einer der ungewöhnlichsten ist der Sacro Monte d'Orta, thematisiert er doch nicht das Wirken Christi, sondern das des heiligen Franziskus. 20 Kapellen mit 376 lebensgroßen Terrakottafiguren stellen Stationen aus seinem Leben nach. Zwischen ihnen spaziert man unter uralten Bäumen und durch romantische Alleen bergan – die Landschaft rund um den Wallfahrtsort ist als Riserva Naturale Speciale del Sacro Monte di Orta geschützt.

Da der Bau dieser Anlage über 100 Jahre dauerte, führt der in Spiralen angelegte Weg nicht nur durch Franziskus' Leben, sondern auch vom prunkenden Barock zur eleganten Architektur der Renaissance – die ältesten Kapellen sind nämlich die ganz oben. Die hübsche Klosterkirche auf dem Gipfel, ein Nachbau der Franziskus-Basilika in Assisi, bewahrt eine wundertätige Pietà aus dem 11. Jahrhundert. Ihr eine Kerze anzuzünden, ist nie verkehrt.

Natur und Kultur gehen am Sacro Monte d'Orta eine wundervolle Symbiose ein.

Anregungen zum Meditieren in herrlicher Natur finden sich genug: Die Ausblicke auf den Lago d'Orta berauschen mit immer neuen Perspektiven, besonders im Herbst, wenn das Laub den See mit Rottönen einrahmt. Und dann gibt es noch diese Geschichte mit Nietzsche: Der Philosoph hatte sich hier Anfang Mai 1882 zu einem Stelldichein mit der russischen Schriftstellerin Lou von Salomé getroffen und sie beim Spaziergang auf dem Sacro Monte angeblich sogar geküsst – wie romantisch!

Riserva Naturale Speciale di Orta San Giulio: Via Sacro Monte 6, Orta San Giulio, Tel. 0322 91 19 60, www.sacrimonti.org/sacro-monte-di-orta

Start der Wanderung: Kapelle I, Via Crucis die San Francisco, Orta San Giulio, einfache Strecke 1,5 km, ca. 80 Höhenmeter (auf gleichem Weg zurück)

MAC

Mailand und Umgebung

AUFBRUCH UND VERFALL

Modemekka, Kunstmetropole und erfolgreiche Expo-Gastgeberin – die heimliche Hauptstadt Italiens kann richtig stolz auf sich sein. Zumal sie mit Leonardo da Vincis „Abendmahl" ein Weltkulturerbe und mit dem Dom einen weiteren Kunstschatz von Weltrang zu bewahren hat. Doch Mailand hat zwei Gesichter: Abseits des eleganten Zentrums bröckeln viele Fassaden.

Adrett hergerichtet für die Mode- und Künstlerszene: Mailands elegantes Viertel Brera.

Rund 40 000 Menschen haben im Mailänder Dom Platz, mehr als 3000 Statuen zieren das Bauwerk, und allein die Glasfenster bedecken eine Fläche von 1700 Quadratmetern. Wahrzeichen der Stadt ist die Madonnina, die goldene Muttergottes auf dem Dach. Sie ist über vier Meter hoch und wiegt mehrere Tonnen.

Die begehbare Dachterrasse des Sakralbaus bietet herrliche Panoramablicke auf die Piazza del Duomo.

DIE WEITE PIAZZA DEL DUOMO SCHEINT WIE GESCHAFFEN ALS KULISSE FÜR DEN MARMORNEN DOM.

Was für ein Gedränge. Geschäftsleute eilen an Touristen vorbei, Freundinnen auf Shoppingtour queren die Piazza Duomo oder sitzen in den Cafés, um sich mit ihren Smartphones zu unterhalten, während am Domportal die Besucher in langen Schlangen vor den Sicherheitskontrollen anstehen. Ab und zu ruft einer etwas über den Platz, schwenkt ein Reiseleiter sein Fähnchen, skaten Jugendliche über das glatt geschliffene Pflaster. Von all dem Rummel aber ist im Inneren des Gotteshauses nichts mehr wahrzunehmen. Hier herrscht ehrfürchtige Stille, nur an einem Seitenaltar betet ein Priester mit einer kleinen Schar von Gläubigen. Andächtiges Staunen erfüllt das Kirchenschiff angesichts der hier versammelten Kunstschätze und der majestätischen Schönheit des Baus, dem die bunten Glasfenster des Chorschlusses ein magisch anmutendes Leuchten verleihen.

POLITISCHE UND ANDERE BAUSTELLEN

Abseits des unmittelbaren Zentrums mit dem boutiquengespickten Goldenen Viereck Quadrilatero d'Oro und dem futuristischen Neubauviertel Porta Nuova ähnelt Mailand mit seinen bröckelnden klassizistischen Hausfassaden und den aus uraltem Pflaster brechenden Platanenwurzeln eher einer grauen osteuropäischen Hauptstadt kurz nach dem Fall des Eisernen Vorhangs. Eine Stadt allerdings, durch die höchst modebewusst gekleidete, schlanke Menschen auf gefährlich anmutenden High Heels trippeln, die Prada-Clutch fest unter die Achsel geklemmt.

KULTURELLE IDENTITÄT VERSUS GELDVERMEHRUNG

Verantwortlich für den vielerorts sichtbaren Verfall sind die langen Jahre unter Forza Italia und Lega Nord, die sich wenig um Mailands kulturelle Identität scherten, sondern lieber auf Geldvermehrung setzten. Die Kontraste sind ebenso auffällig wie verstörend: Hier die florierende Geldwelt Milanos, ganz gleich ob Finanzwesen, IT-Branche oder Mode, dort die Zeugnisse des langjährigen Desinteresses der Politiker an dieser Stadt. Seit einigen Jahren wird Mailand von dem Mitte-Links-Politiker Giuseppe Sala regiert, der seit 2021 Mitglied der Grünen ist. Wirklich verbessert hat sich das Stadtbild aber noch nicht. Natürlich gilt das nicht für touristische Highlights wie die berühmte Galleria Vittorio Emanuele II, diese schöne Einkaufspassage, mit deren Eleganz nicht einmal die darin angesiedelten hochkarätigen Geschäfte mithalten können. Oder für die Piazza Duomo, an

Die Galleria Vittorio Emanuele II ist das weltliche
(und kommerzielle) Zentrum der Stadt.

Fashion

Special

Mailand macht Mode(n)

Erschöpft ziehen die Fachbesucher der Milano Moda Donna, der Mailänder Modewoche, ihre Trolleys vom Hotel in Richtung Taxistand. Fahle Gesichtsfarbe und tiefe Augenringe bezeugen eine so arbeitsreiche wie schlafarme Woche.

Woran man in Mailand merkt, dass Modewoche ist? An den vielen hübschen, extrem dünnen Mädchen und Jungen, die in Cafés am stillen Wasser nippen, beispielsweise. Oder daran, dass Cola Zero in der ganzen Stadt ausverkauft ist. Selbst in einer so modebewussten Metropole wie Milano bedeutet die Zeit während der Messe einen Ausnahmezustand. Die Hotels sind völlig ausgebucht, die Restaurants voll, und die Hektik der von Show zu Show hastenden Einkäufer ist überall in der Stadt zu spüren.

Erst in den 1970er-Jahren gewann die Mailänder Modewoche, parallel zum Aufstieg italienischer Designer wie Armani, Versace oder Byblos, an Bedeutung. Heute ist dies die einzige Stadt, die gleich vier Messen veranstaltet, jeweils zwei für Damen- (Moda Donna) und Herrenmode (Moda Uomo) im Frühjahr und Herbst. Die meisten Shows sind dem Fachpublikum vorbehalten, doch im Rahmenprogramm finden stets auch öffentliche Präsentationen statt.

What's next?

Entdeckungen lassen sich in den Ateliers des ehemaligen Industrieviertels Zona Tortona hinter dem Bahnhof Porta Genova machen; mit ein bisschen Glück gerät man hier auch ohne Einladung in eine Präsentation.

Termine: www.cameramoda.it

Maestro Roberto Cavalli (links) und seine Models (rechts).

der die Dombauhütte unermüdlich mit der Restaurierung des Doms beschäftigt ist; für das imposante Castello Sforzesco, in dem die wechselnden Herren Mailands stets in nobler Distanz zu ihrer Stadt residierten. Oder für das beliebte Viertel Brera, in dem alles adrett hergerichtet ist für die Mode- und Künstlerszene, die sich hier, kenntlich an Galerien, Lokalen und Läden, pudelwohl fühlt.

Was jedoch vernachlässigt wird, ist das alte, schöne, nur leider nicht mit spektakulären Attraktionen gesegnete Mailand der Wohnviertel abseits des geschäftigen Zentrums. Deshalb kritisierte der Philosoph Mauro Ceruti, dass die Stadt zwar ökonomisch und politisch zweifellos zur Avantgarde gehöre, aber nicht imstande sei, eine eigene Kultur zu schaffen.

Dabei kann niemand behaupten, dass in Mailand nicht investiert und gebaut würde. Alleine für die Expo 2015 entstanden monumental dimensionierte Bauprojekte. Im City Life Park auf dem alten Messegelände der Fiera Milano errichteten die Stararchitekten Arata Isozaki, Zaha Hadid und Daniel Libeskind drei Hochhäuser, die die Skyline der Stadt dominieren und damit unwiderruflich verändern. Einen sensationellen, aus Lamellen geformten Ausstellungsraum schufen Mario Cuccinella Architects für das neue Kunstmuseum der Fondazione Luigi Rovati. Für zeitgenössische Architektur, so scheint es, ist genug Geld da.

KANÄLE ALS LEBENSADERN

Zur zentralen touristischen Attraktion des neuen Post-Expo-Milano hat die Stadtverwaltung die „navigli" ausgerufen – jene Kanäle, welche die Stadt einst mit den westlich und östlich aus den Alpen nach Süden strebenden Flüssen Ticino und Adda und somit mit dem Meer verbanden. Naviglio Grande (West) und Naviglio Martesana (Ost) schlossen mit weiteren kleineren Wasserstraßen Mailand an den Schiffsverkehr zwischen Alpen und Adria an – die Pläne dafür zeichnete übrigens unter anderem Leonardo da Vinci, der sich in Mailand keineswegs

Der in den Jahren 1177 bis 1257 angelegte, über 50 km lange Naviglio Grande ist der älteste Kanal der Stadt. Er bezieht sein Wasser aus dem Tessin.

Ein Aperitif in einer der Bars in der Galleria Vittorio Emanuele II ist genau das Richtige zur Einstimmung auf den bevorstehenden Streifzug durch das Mailänder Nachtleben.

Am Naviglio Grande: Entlang der künstlichen Wasserstraßen durch Mailand entwickelte sich eine lebendige Kneipenszene, in der vor allem abends viel Betrieb herrscht.

»MAILAND IST EINE STADT MIT ALLEN REIZEN EINER GROSSSTADT UND DER INTIMEN ATMOSPHÄRE EINER KLEINSTADT.«

Gregor von Rezzori

Das ehemalige Refektorium des Dominikanerklosters Santa Maria delle Grazie birgt das weltberühmte „Abendmahl“-Fresko von Leonardo da Vinci.

Das Castello Sforzesco diente im 14. und 15. Jahrhundert den Visconti und Sforza als Residenz – heute werden hier die Städtischen Kunstsammlungen präsentiert.

Der dreischiffige Innenraum ist der älteste Teil der in ihrer heutigen Form zwischen dem 12. und 14. Jahrhundert errichteten Kirche Sant'Ambrogio.

nur der schönen Kunst seines später weltberühmten „Abendmahls" widmete.

Als die Tagelöhner um 1177 den ersten Stichkanal vom Tessin in Richtung Mailand gruben, ging es vorrangig um die Bewässerung des Umlands, denn die Stadt in der Poebene besaß, so erstaunlich es klingt, keine Wasserader. Alle bedeutenden Metropolen Oberitaliens entstanden an Flüssen – Mailand nicht. Ticinello, kleiner Ticino, hieß das erste Kanälchen, das (1223 verlängert) 1257 Mailands Stadtrand erreichte. Der Kanal zog sofort viel Leben an; Bauern und Handwerker ließen sich nieder, und dank der transportierten Waren belebte sich der Handel. 1395 stieß der Kanal, nun bereits Naviglio Grande genannt, an den Platz mit der Dombaustelle. Der Ruf der Navigli reichte weit über die Grenzen des Stadtstaates hinaus – bis nach England: Shakespeares Prospero wird im „Sturm" von seinem siegreichen Bruder Antonio per Schiff aus Mailand in die Verbannung geschickt – auf den Navigli.

DAS GRÜNE BAND DER STADT

Doch in den 1960er-Jahren war Schluss mit dem Hafen. Im 20. Jahrhundert wurden Wasserwege und Binnenhafen im Herzen Mailands überflüssig; Zug und Auto ersetzten nach und nach das Frachtschiff. Mussolini ließ schließlich einen Großteil der Kanäle überdecken. Nur ein kleines Stück des Naviglio Grande blieb erhalten. Alternative und Künstler entdeckten die Navigli ab den 1980er-Jahren und zogen mit Galerien, Kneipen und Läden in die alten Häuser und Lagerhallen. Heute zählen der Naviglio Grande und die umliegenden Gassen zu den Mailänder Hotspots. Nun will man weitere zuzementierte Kanäle wieder ans Tageslicht holen und der alte Binnenhafen ist zur Flanierzone geworden. 125 Kilometer Fuß- und Radwege sollen einmal die Stadt im Westen und Norden entlang der wiederentdeckten Wasserstraßen wie ein grünes Band einrahmen.

LEONARDO DA VINCI WIDMETE SICH IN MAILAND NICHT NUR DER KUNST.

MAILANDS NEUE PATEN

Soweit, dass auch der Stichkanal zum Domplatz wieder geöffnet würde, geht die Begeisterung für die künstlichen Wasserstraßen aber nicht. Lastkähne brachten auf ihm einst mehr als 150 000 Marmorblöcke in die Stadt – von den Steinbrüchen am Lago Maggiore bis hierher; die Via Laghetto, die Teichstraße hinter dem Dom, erinnert bis heute daran. Von der Grundsteinlegung 1386 bis ins 19. Jahrhundert dauerte es bis zur Vollendung des Doms. Fertig ist er im Grunde immer noch nicht – und die 1387 gegründete Dombauhütte Veneranda Fabbrica mit der Restaurierung und Sicherung des Bauwerkes weiterhin gut beschäftigt. Zurzeit stehen die „guglie", die Fialen und die Statuen, im Fokus: Für die 135 gotischen Spitztürmchen an Fassade und Dach sowie weitere projektierte Arbeiten benötigt die Fabbrica 20 Millionen Euro. Die Lösung in Zeiten klammer Kulturkassen orientiert sich an der seit Jahrhunderten üblichen Praxis: der Akquise von Stiftern und Förderern. Im Falle des Doms heißt die Lösung: „Adotta una Guglia!" Mit einer entsprechend hohen Spende kann Mailands Geldadel zum Paten eines Türmchens werden und seinen Namen in die gewünschte Fiale gravieren lassen. Für Peanuts ist das nicht zu haben: 100 000 Euro sollten es schon sein.

Erholung von der durchaus kräftezehrenden Einkaufstour kann man (bzw. frau) in der Bar Camparino (unten) in der Galleria Vittorio Emanuele II finden. Gut, wer dafür noch ein paar Euro übrig hat – zu verführerisch ist das Angebot der namhaftesten italienischen Modedesigner im „Goldenen Viereck" (Quadrilatero d'Oro), in den kleinen Seitenstraßen zwischen Via Montenapoleone, Via Sant' Andrea, Via della Spiga und Via Borgonuovo (übrige Abbildungen).

Auch die Bars und Cafés entlang der vielen Mailänder Kanäle laden zu einem gemütlichen Zwischenstopp auf dem Shoppingbummel ein.

Ohne Stifter gäbe es auch Leonardo da Vincis „Abendmahl“ nicht. Eine weitere Parallele zum Dom: Seit Leonardo das neun mal vier Meter große Meisterwerk auf die Wand im Speisesaal des Dominikanerklosters malte, musste es ununterbrochen restauriert und ausgebessert werden. Der Künstler war nämlich so sehr mit künstlerischen Fragen beschäftigt – mit der Perspektive, mit den Vorbildern für die Apostelköpfe, mit der angestrebten „Bewegtheit“ der Szenerie –, dass er aus handwerklicher Sicht einen Fehler beging: Statt die damals übliche Al-fresco-Technik anzuwenden, bei der sehr schnell auf feuchten Putz gemalt werden muss, entschied er sich für Temperafarben, die er auf Gips auftrug (und die ihn zu keinen unüberlegten Pinselstrichen drängten).

MIT LUPEN UND PINZETTEN

Es dauerte fast vier Jahre, von 1494 bis 1498, bis er das vollendete Abendmahl seinem Auftraggeber und Mäzen Ludovico Sforza übergeben konnte. Und schon da waren die ersten Schäden sichtbar. Die Klostermauer war feucht, der Gips bildete Risse; Schimmelpilze und viele andere Probleme kamen dazu. Fünf große Restaurierungsversuche aus dem 18. und 19. Jahrhundert sind verbürgt. Schon zuvor war an dem Gemälde herumgepfuscht worden. Als im Jahr 1980 die Restauratorin Pinin Brambilla die Aufgabe übernahm, das Bild zu retten, erinnerte kaum noch etwas an das Original. Mit Pinzetten trug das Restauratorenteam Schicht für Schicht ab, entfernte Kleber und Öl, begutachtete durch Lupen winzige Details. Nach 20 Jahren Arbeit erstrahlte ein „Abendmahl“ an der Refektoriumswand, dessen leuchtende Farben nichts gemein hatten mit dem sonst eher düsteren Alterswerk Leonardo da Vincis – und doch soll das Original so ausgesehen haben. Damit es auch so leuchtend bleibt, halten nun drei Schleusen Staub und Schmutz fern. Mit der feuchten Atemluft seiner Bewunderer aber muss das „Abendmahl“ weiterhin leben.

Die quirligsten Märkte

KUNTERBUNTE VIELFALT FÜR ALLE SINNE

Irgendwo ist immer Wochenmarkt. Doch nicht jeder „mercato" lohnt einen Besuch oder gar einen Umweg, denn manchmal finden sich auch nur ein paar Billigwarenhändler auf der Piazza zusammen. Auf welchen Märkten wir am liebsten vorbeischauen und stöbern, verraten wir Ihnen hier.

1 Bauern und fahrende Händler am Gardasee

An Gardas Lungolago Regina Adelaide ist dank der Straßencafés schon an normalen Tagen kaum ein Durchkommen. Wenn aber am frühen Freitagmorgen fahrende Händler und Bauern ihre Stände für den Wochenmarkt aufbauen, bricht der Verkehr regelmäßig zusammen. Deshalb unser Rat: Parken Sie besser außerhalb und nehmen Sie sich möglichst viel Zeit! Denn allein schon das höchst verlockend dargebotene Angebot der Obst- und Gemüseverkäufer, deren Stände sich unter knackig frischen Orangen, Äpfeln, Trauben, Gurken, Tomaten und Salaten biegen, erfordert genaueste Prüfung. Einige Händler bieten ihr eigenes, mit Kräutern versetztes Olivenöl oder hausgemachte Schnäpse an. Nicht zu vergessen die Auslagen der „ambulanti", an denen man vom Feuerzeug bis zum Topf, von Spitzendeckchen bis zu Pseudo-Pashmina-Schals so gut wie jeden Tand aus Fernost bekommt.

Wochenmarkt in Garda, Fr. 8.00–14.00 Uhr

2 Antiquitätenmarkt mit Venedig-Flair

Als 1986 einige Künstler auf die Idee kamen, ihre Werke entlang des Naviglio Grande, des historischen Kanals durch Mailand, zum Verkauf anzubieten, war die Gegend noch ziemlich heruntergekommen. Heute ist der von Kanälen durchzogene Stadtteil das In-Viertel für Kreative, und die spontane Kunstausstellung hat sich zu einem der bekanntesten Antiquitätenmärkte Italiens gemausert. Jeden letzten Sonntag im Monat bauen rund 400 Verkäufer ihre Tische entlang des Großen Kanals auf und hoffen auf gute Geschäfte – vom Antiquar mit kostbaren Büchern bis zum Mütterchen, das ein paar Porzellantassen vor sich hinstellt, von der Fashionista, die ihre Vintage-Klamotten loswerden möchte, bis zum Händler, der sich auf Art déco spezialisiert hat. Ein Kilometer ist diese Verkaufsausstellung lang: Wer hier nicht fündig wird, der wollte wohl gar nichts kaufen.

Mercatone Antiquario degli Navigli, Mailand, letzter So. im Monat 8.30–18.30 Uhr, www.navigliogrande.mi.it

3 Das Beste aus dem Tessin

Haben Sie bei Ihrem Aufenthalt im Ticino Prosciutto dell'Alpe Piora verkostet? Wenn nicht, dann bietet sich auf dem Wochenmarkt von Mendrisio eine gute Gelegenheit dazu! Der feine Rohschinken, der auf der Alpe Piora, der größten Alp im Tessin, in 2000 Metern Höhe der Vollendung entgegenreift, ist eine köstliche Tessiner Spezialität – und nicht die einzige, die man auf diesem malerischen „mercato" in den Altstadtgassen entdecken kann. Auch die Salame dei Castelli di Bellinzona wartet auf Feinschmecker und Bewunderer – sie hängt in den historischen Kellern der Burg Montebello und verdankt diesem Prozess ihren besonders aromatischen Geschmack. Auch Besucher, denen der Sinn weder nach Schinken noch nach Salami steht, sondern nach anderen kulinarischen Genüssen, werden hier fündig: Pilzsammler bieten im Herbst handtellergroße „porcini" feil, und von den Sommeralmen kommen aromatische Käsesorten, die nach Bergwiesen duften.

Mendrisio, Wochenmarkt in der Altstadt, Mi. 9.00 bis 12.00 Uhr

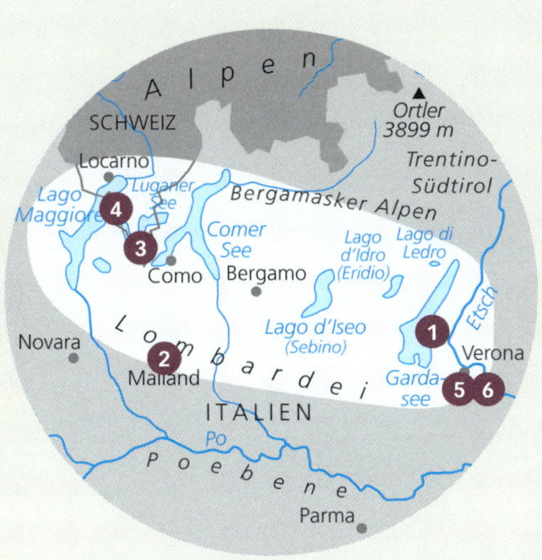

6 Markt in romantischer Kulisse

Ein Standplatz an Veronas Piazza delle Erbe – davon träumen viele Händler: weil sie hier um Kunden gar nicht erst werben müssen – die kommen ja alle freiwillig, um den Platz zu bewundern. Nach welchen Kriterien die Stände vergeben werden, erscheint von außen betrachtet allerdings etwas undurchsichtig zu sein. Ginge es um Ästhetik und Authentizität, dann hätte doch der Souvenirverkäufer mit den kitschigen Mini-Arenen und den bunten Selfie-Sticks hier gar nichts verloren. Oder sollen regionale Produkte vermarktet werden? Warum verkauft die resolute „piassarota", wie die eine Händlerin hier genannt wird, dann Tomaten aus der Türkei? Andererseits macht doch genau dieses etwas ziellos wirkende Durcheinander vor der mittelalterlichen Kulisse der Piazza den Charme dieses Marktes aus. Das ist die „Italianità", diese Lässigkeit, die uns Germanen fehlt. Und warum den Liebsten zu Hause keine Made-in-China-Arena mitbringen? Immerhin stammt sie von einem der schönsten Plätze Italiens!

Mercato di Piazza delle Erbe, Verona, Mo.–Sa. 7.30 bis 20.30 Uhr

4 Der berühmteste Markt am Lago Maggiore

„Jeden Mittwoch trafen sich die Bewohner der umliegenden Täler in bunten Trachten auf dem beliebtesten und malerischsten Markt am See" – dieser Beschreibung von 1903 möchte man heute hinzufügen, dass es nicht nur die Einheimischen (und diese keineswegs in Tracht), sondern vor allem Händler aus aller Herren Länder (bevorzugt aber aus Vietnam, Pakistan und Tunesien) sind, die den berühmtesten Wochenmarkt des Lago Maggiore aufsuchen. Tatsächlich kostet es einige Mühe, deren Barriere aus gefakter Designerware zu überwinden, um ins Herz des Luineser Marktes vorzudringen; dort, wo immer noch Bauern ihre Produkte bewerben und Blumenfrauen inmitten einer berauschenden Blütenpracht ein Schwätzchen halten. Lassen sich also nicht abschrecken von den Vuitton-Handtaschenriegeln und Chinesischen Mauern aus gefälschten Rolex! Dahinter wartet ein authentischerer Markt mit Waren, die auch vor den strengen Augen der Guardia di Finanza bestehen.

Luino, Lago Maggiore, Wochenmarkt, Mi. 8.30 bis 17.00 Uhr

5 Antikmarkt im kreativen Umfeld

Den Antikmarkt an jedem ersten Sonntag im Monat mit mehr als 200 professionellen und Hobby-Händlern auf Veronas Piazza San Zeno gibt es schon lange, das aktuelle Konzept aber ist neu. Die Initiative Retrobottega will mit dem Markt nicht mehr nur wie bisher den Platz vor San Zeno bespielen, sondern gleich das ganze Viertel einbeziehen. Jeden Sonntag stellen die Sozialaktivisten unter ein anderes Motto. Dieses nehmen Geschäfte, Cafés, Restaurants und Anwohner rund um die Piazza San Zeno auf und setzen es mit besonderen Aktionen um – seien das spezielle Drinks oder Menüs, Konzerte, Performances … So wirkt der Antikmarkt bis weit über seine Grenzen ins Leben des Stadtviertels hinein. Eine schöne Idee auch für Besucher, denn wer genug hat vom Schmökern in antiquarischen Büchern, vom Wühlen in Büchsen voller historischer Orden und vom Bewundern naiv-romantischer Stadtansichten, der findet rund um die Piazza jede Menge alternative Angebote.

Verona antiquaria, rund um die Piazza San Zeno, jeden 1. So. im Monat (außer im Aug.) Sommer 8.00–18.00, Winter bis 17.00 Uhr

area di costruzione
CityLife
Tre Torri
PORTA TENAGLIA
Giardini Pubblici
Indro Montanelli
Parco Sempione
Arena Civica
Castello Sforzesco
Corso Sempione
Corso Vercelli
Corso Magenta
Fatebenefratelli
Bast. di Pta Venezia
B. di Pta Nuova
Duomo
Cadorna F.N.
Conciliazione
Montenapoleone
S. Babila
S. Ambrogio
Sforza/Policlinico
Maßstab 1:15.000
MILANO
MONZA
BERGAMO
Sesto S. Giovanni
Treviglio
Caravaggio
Melegnano
Crema
Peschiera Borromeo
1
2
3
4
5
6
7
8
9
10
11
12
14

GROSSE BÜHNE(N)

Die 1,4 Millionen Einwohner zählende Hauptstadt der Lombardei ist die ökonomisch führende Metropole Italiens und als Sitz der Börse auch ein einflussreicher Finanzplatz. Die wirtschaftliche Dynamik überlagert die kulturhistorische Bedeutung Mailands, das mit seinen herausragenden Kunstschätzen zum Welterbe der UNESCO zählt.

1 – 24 Mailand

Die meisten Sehenswürdigkeiten Mailands sind innerhalb des Stadtrings versammelt, der dem Verlauf der einstigen Stadtmauer folgt. Reizvoll ist auch das von namhaften Architekten gestaltete Expo-Gelände nordwestlich der Stadt.

SEHENSWERT

Die Fassade des ab dem Jahr 1386 begonnenen 1 **Duomo S. Maria Nascente** **TOPZIEL**, nach der Peterskirche in Rom das zweitgrößte Gotteshaus Italiens, schmücken über 150 Fialen und rund 3000 Statuen. Die ihr vorgelagerte Piazza bekam ihr heutiges Gesicht im ausgehenden 19. Jh. unter der Herrschaft der Habsburger. Das monumentale Innere des Doms wird von den aus dem 15. Jh. stammenden Glasfenstern des Chors in ein vielfarbiges Licht getaucht (Dom tgl. 8.00–19.00, Terrasse, Battistero tgl. 9.00–19.00, Krypta Mo.–Sa. 11.00 bis 17.00, So. 13.30–15.30 Uhr, letzter Einlass jew. 1 Std. früher). Neben dem Hauptportal führen Treppen in das **Battistero Paleocristiano**, das noch vom Vorgängerbau aus dem 4./5. Jh. erhalten geblieben ist. Ein Besuch der Terrazzi, der Dachterrassen des Sakralbaus, ist unbedingt zu empfehlen. An der Nordseite des Domplatzes führt ein Triumphbogen in die von Giuseppe Mengoni kreuzförmig angelegte 2 **Galleria Vittorio Emanuele II**. Mittelpunkt der 1878 eingeweihten Einkaufspassage ist ein achteckiger Platz, über den sich in 47 m Höhe eine Kuppel wölbt – ein technisches Meisterwerk aus Glas und Metall. In der Galleria sind viele bedeutende Modedesigner mit Läden vertreten. Eine Rast in der **Bar Camparino** ist für jeden Campari-Liebhaber Pflicht, wurde doch hier der beliebte Aperitif ab 1915 vom Sohn des Erfinders persönlich ausgeschenkt, was die Bekanntheit des Aperitifs rasant steigerte. Der nördliche, dem Domplatz gegenüberliegende Ausgang der Galerie führt zur **Piazza della Scala** mit dem berühmten **Teatro alla Scala** (siehe Tipp S. 54). Zwei mächtige Rundtürme flankieren das 3 **Castello Sforzesco**. Um die Mitte des 15. Jh.s zerstörten die Sforza-Herzöge die alte, von den Visconti an dieser Stelle errichtete Residenz und gaben einen Neubau in Auftrag. Durch dessen Wahrzeichen, die Torre del Filarete, betritt man den Innenhof (tgl. 7.00–19.30 Uhr). Einige der von Künstlern wie Donato Bramante und Leonardo

Pflastermaler vor dem Dom, von dessen Dachterrasse man die ganze Stadt überblickt

da Vinci ausgemalten Repräsentationsräume sind für Besucher im Rahmen der Museumsbesichtigung zugänglich. Der Besuch des Klosters 4 **Santa Maria delle Grazie** **TOPZIEL** sollte vorab unter www.vivaticket.it angemeldet werden: Zu begehrt ist ein Blick auf die berühmte Darstellung des „Abendmahls", mit der Leonardo da Vinci die Nordwand des Refektoriums Ende des 15. Jh.s schmückte – wegen der empfindlichen Farben des Meisterwerks darf es stets nur eine begrenzte Zahl Besucher bewundern (Di.–So. 8.15–18.45 Uhr). Kirchenvater und Mailands Stadtpatron Ambrosius gründete gegen Ende des 4. Jh.s den Vorgängerbau der Kirche 5 **S. Ambrogio**, in deren Krypta er seine letzte Ruhe fand. Das Gotteshaus wurde im 12. Jh. fast vollständig neu errichtet und präsentiert sich bis heute in unverfälschter lombardischer Romanik. Den Mittelpunkt des Innenraums bildet das auf antiken Säulen ruhende Ziborium über einem karolingischen Altar. Kostbar sind auch die Marmorkanzel sowie die aus dem 4. Jh. stammenden Mosaiken in der Grabkapelle S. Vittore. Das Altersheim 6 **Casa di Riposo per Musicisti** gründete Giuseppe Verdi 1899 als Stiftung für bedürftige Musiker und Sänger, die im Alter hier Unterkunft und Versorgung finden sollten. Eröffnet wurde es entsprechend Verdis Willen erst nach seinem Tod im Jahr 1901. In den Räumen ist heute eine kleine Ausstellung mit Möbeln und anderen Andenken an den Komponisten untergebracht. Zu besichtigen ist die Casa di Riposo per Musicisti nur nach Voranmeldung. Sehenswert ist auch die Krypta mit der Grabstätte des Komponisten (Piazza Buonarroti 29, Tel. 02 4 99 60 09, Krypta tgl. 8.30 bis 18.00 Uhr, www.casaverdi.org).

MUSEEN

Die Baugeschichte des Doms dokumentiert das 1 **Grande Museo del Duomo**. Nach jahrelanger Renovierung präsentiert es seine Exponate in modernem Rahmen. Auch die Schatzkammer des Doms wird im Rahmen der neu konzipierten Ausstellung gezeigt (Do.–Di. 10.00 bis 18.00 Uhr, www.duomomilano.it). Die im 17. Jh. gegründete 7 **Pinacoteca Ambrosiana** birgt Werke von Botticelli, Tizian, Caravaggio, von flämischen Malern und von Leonardo da Vinci. Dessen „Codex Atlanticus" enthüllt die ganze Genialität des Künstlers, der hier mathematische und astronomische Zeichnungen und Schriften sowie technische Skizzen versammelt hat (Piazza Pio XI 2, tgl. 10.00–18.00 Uhr, www.ambrosiana.eu). Im 8 **Museo Teatrale alla**

Tipp

In der Scala

An der Mailänder Scala feierte die wohl berühmteste Sopranistin der Operngeschichte, Maria Callas, ihre größten Erfolge, und hier huldigen ihr bis heute posthum ihre selbst ernannten „Witwer", die *„Vedovi della Callas"*. Aber sonst hat sich in der ehrwürdigen Scala viel verändert, und nicht selten erbebt das Publikum auf den roten Samtsitzen ob der Kühnheit der Inszenierung. Dennoch (oder gerade deswegen) sollten sich Opernfreunde eine Vorstellung in Giuseppe Verdis angestammten Theater nicht entgehen lassen.

TEATRO ALLA SCALA
Via Filodrammatici 2, Tel. 02 8 87 91, Tickets können drei Monate im Voraus online erworben werden auf www.teatroallascala.org

Scala unternehmen Besucher eine anregende musikalische Reise durch die Welt der Oper und die Geschichte der Scala (Via Bernardino Ghiringhelli 1, tgl. 9.00–17.30 Uhr, www.museoscala.org). Eine gelungene Kombination aus bezauberndem Ambiente und kostbaren Kunstwerken verbirgt sich hinter den Mauern des Stadtpalastes des **9 Museo Poldi-Pezzoli**. Antike Möbel, Gemälde von Künstlern wie Mantegna oder Canaletto, Skulpturen, Bücher und eine erstaunliche Sammlung japanischer Schnitzfiguren (Netsuken) kommen in den historischen Räumen schön zur Geltung (Via Manzoni 12, Mi.–Mo. 10.00–18.00 Uhr, www.museopoldipezzoli.it). Die Sammlung der **10 Pinacoteca di Brera** verdankt Mailand der Kaiserin Maria Theresia. Ein Höhepunkt ist der 1480 entstandene „Cristo Morto" von Andrea Mantegna (Via Brera 28, Di.–So. 8.30–19.15 Uhr, https://pinacotecabrera.org). Für den Besuch der **3 Musei del Castello** sollte man sich viel Zeit nehmen, denn deren Ausstellungen umfassen alle nur erdenklichen Kunst- und Stilrichtungen und versammeln Werke von höchstem Rang. Auf 140 000 Teile summieren sich die Exponate – vom Libretto über Zeitschriften bis zu Büsten (Di.–Sa. 11.00–13.30, 14.30–19.00 Uhr). Das **11 Triennale Design Museum** bietet

Auf dem Cimitero Monumentale, dem 1866 angelegten größten Friedhof der Stadt (oben); Verdi-Krypta in der Casa di Riposo per Musicisti (rechts oben); Leonardo da Vincis „Abendmahl" in Santa Maria delle Grazie (rechts unten)

zeitgenössisches italienisches Design und moderne Kunst im Parco Sempione; dazu gibt es ein mit Designerstücken möbliertes Terrassencafé (Via Alemagna 6, Di.–So. 11.00–20.00 Uhr, www.triennale.org). Was sich im Untergeschoss der **12 Fondazione Luigi Rovati** verbirgt, ist eine eigene Reise wert: etruskische Kunst – Statuen, Keramik, Schmuck – im Dialog mit modernen Werken von u. a. Picasso oder William Kentridge, und das in atemberaubender Architektur (Corso Venezia 52, Mi.–So. 10.00–20.00 Uhr, www.fondazioneluigirovati.org).

VERANSTALTUNG
Höhepunkte des Messejahres sind die im Frühjahr und Herbst stattfindenden Modewochen **Milano Moda Donna** (Damenmode) und **Milano Moda Uomo** (Herrenmode). Im religiösen Leben der Stadt spielt der **Festtag des hl. Ambrosius** am 7. Dez. eine herausragende Rolle. Rund um seine Kirche drängen sich die Milanesen auf einem Jahrmarkt; traditionell beginnt an diesem Tag auch die neue Opernsaison in der Scala.

SHOPPING
Einen Besuch lohnt das als **Quadrilatero d'Oro** bezeichnete Viertel, in dem alle italienischen Modedesigner von Rang und Namen vertreten sind: Das „Goldene Viereck" erstreckt sich von der Via Manzoni bis zur Via S. Andrea und wird durch die Via Montenapoleone und die Via della Spiga begrenzt. Auch das Edelkaufhaus Rinascente (Piazza Duomo 3) bietet ästhetisches Vergnügen und Einkaufserlebnis zugleich. Tipp: Von der Feinkostabteilung im obersten Stock blickt man aus unmittelbarer Nähe auf den Dom und seine Terrassen.
Kunst und Antiquitäten gibt es am Naviglio Grande zu sehen und zu kaufen: **Arte sul Naviglio** versammelt Künstler Mitte Mai und Mitte September am Kanal und in den umliegenden Galerien; jeden letzten Sonntag im Monat (außer Juli) stöbern Besucher beim **Il Mercatone dell'Antiquariato** nach schönen alten Stücken (siehe „Unsere Favoriten", S. 50).

RESTAURANT
Am Naviglio Grande pflegt die **€€€ Trattoria Ponte Rosso** die Kunst so einfacher wie feiner Küche. Als Nachtisch ist das Schokosoufflee mit Erdbeereis ein wahres Gedicht (Ripa di Porta Ticinese 23, Tel. 02 8 37 31 32). Elaborierte Gerichte zu entsprechenden Preisen sind im **€€€€ Ratanà** zu verkosten. Die Köche beherrschen die klassischen milanesischen und lombardischen Rezepte perfekt – immer mit einem modernen Twist (Via de Castilla 28, Tel. 02 87 12 88 55).

Tipp

Schnäppchen

Grämen Sie sich nicht angesichts der horrenden Preise in den Modeboutiquen des Quadrilatero d'Oro. Nicht weit entfernt gibt es im **DMagazine Outlet** Designermode zu Schnäppchenpreisen. Die ist immer noch teuer – aber zum Teil über 50 Prozent günstiger als im Laden!

DMAGAZINE
Via Manzoni 44, Tel. 02 36 51 43 65, tgl. 10.00–19.30 Uhr, www.dmag.eu

Beste Adresse für echte Cotoletta alla milanese ist die **€€€ Trattoria del Nuovo Macello** (Via. C. Lombroso, Tel. 02 59 90 21 22, www.trattoriadelnuovomacello.it). Zum Aperitivo trifft man sich in der **€€ Cantine Isola**: ein Gläschen Wein, ein paar Bruschette und der Abend kann beginnen (Via Paolo Sarpi 30, Tel. 02 3 31 52 49, www.cantineisola.com/en). Mit einem Michelin-Stern ausgezeichnete vegetarische Küche serviert **€€€ Joia**. Nicht nur wohlschmeckend, sondern auch sehr ästhetisch angerichtet (Via Panfilo Castaldi 18, Tel. 02 29 52 21 24, https://joia.it, So., Mo. geschl.).

UNTERKUNFT

Modernes Design zu erschwinglichen Preisen: Das **€€€ Hotel Tocq** ist ein sehr empfehlenswertes, schickes Haus in Mailands In-Viertel Porta Nuova. Die Sofas stammen von Poltrone, die Lampen von Flos, die Lage ist ruhig und zentral, sehr empfehlenswert das Frühstück (Via A. De Tocqueville 7/D, Tel. 02 6 20 71, www.tocq.it). Direkt am Naviglio Grande logieren Sie im **€€€€ Maison Borella**, einem historischen Haus mit lauschigem Innenhof (Alzaia Naviglio Grande, Tel. 02 58 10 91 14, www.hotelmaisonborella.it). Charmante Zimmer und Suiten, geschmackvoll eingerichtet und teils mit Balkon, machen das **€€–€€€ B&B La Favia** zu einer Oase für alle Sinne (Via Carlo Farini 4, www.lafaviamilano.com).

UMGEBUNG

Rund 40 km südöstlich von Mailand gelegen, verdient ⑬ **Crema** im flachen Landschaftsbild der Poebene (33 500 Ew.) schon wegen der Basilika Santa Maria della Croce (2 km außerhalb des Stadtzentrums) einen Besuch: Das Gotteshaus zählt zu den bedeutendsten Wallfahrtskirchen der Region. Im Jahr 1490 verletzte hier ein Ehemann seine Frau so schwer, dass sie starb. In der Folge berichteten Anwohner von Wundern, die sich an dieser Stelle ereignet haben sollen und die sie der Jungfrau Maria zuschrieben. Giovanni Battaglio, ein Bramante-Schüler, wurde mit dem Bau einer Wallfahrtskirche beauftragt, die er als 35 m hohe Ziegelrotunde über kreuzförmigem Grundriss konzipierte. Mit ihrer Renaissancefassade und der barocken bzw. manieristischen Innenausstattung wirkt die Basilika imposant und erhaben zugleich. Die Schutzherrschaft (Patrozinium) der Kirche wird jährlich am 3. April gefeiert. Rund 20 km nordöstlich von Crema erheben sich die gut erhaltenen Wehrmauern der Rocca von ⑭ **Soncino** (außerhalb der Karte) über das Oglio-Tal. Die gegen Ende des 15. Jh.s errichtete Burg mit ihren vier Ecktürmen und einem Rundturm gehörte dem Milaneser Geschlecht der Sforza und teilte mit Mailand die später wechselnden Herren (Di.–Fr. 10.00–12.00, Sa, So im Winter 14.30–17.00, im Sommer 15.00–19.00 Uhr, www.prolocosoncino.it).

INFORMATION

Infomilano, Piazza Duomo 14,
Tel. 339 8 86 88 89, www.yesmilano.it,
tgl. 10.00–18.00 Uhr

WELLNESS IN DER TRAMBAHN

Dass man in einer Straßenbahn ins Schwitzen kommt, ist so ungewöhnlich nicht. In diesem speziellen Waggon, genauer gesagt in der darin eingebauten Sauna, schwitzen Sie allerdings freiwillig. Er steht auf dem Gelände eines ungewöhnlichen Jugendstil-Tramdepots unweit von Mailands Porta Romana und ist Teil der wohl eigenwilligsten Therme der Lombardei.

Nach City-Bummel und „Letztem Abendmahl", nach Domterrassen-Aufstieg und Navigli-Spaziergang – steht Ihnen da nicht der Sinn nach Erholung für die müden Beine und Entschleunigung für den reizüberfluteten Kopf? Ein Wellnesstag in der QC Termemilano ist dann genau das Richtige. Im Außenbereich entspannen Whirlpools und Schwimmbecken, aber der Clou verbirgt sich im Innern: Zwischen unverputzte Ziegelwände schmiegen sich Hammam und Salzgrotte, miteinander verbundene Pools legen türkisfarbene Wasserstraßen ins Halbdunkel, während aus den Wänden rieselnde Wasserfälle die Musik dazu plätschern. Kreisrunde Lichtinseln entführen Sie in der ansonsten finsteren Sale relax ins Reich der Träume, und im Olfattorio gaukeln exotische Aromen 1001 Nacht vor. Gegen Durst und Hunger stehen Tee und Früchte bereit.

Perfekt, um die Seele baumeln zu lassen: die QC Termemilano

Das Reich des Benessere, also des „Wohlbefindens", gleicht einem römischen Palast, denn wie bei den meisten römischen Thermen ist es auch hier nichts anderes als das natürliche Grundwasser, das den Körper umschmeichelt und entspannt. Am Ende eines langen Wellnesstags gäbe es in der Therme sogar noch den typisch Mailänder Aperitivo. Aber den genehmigen Sie sich lieber rundum erholt in einem Straßencafé – ganz wie die Milanesi.

QC Termemilano: Piazzale Medaglie D'Oro, U-Bahn Porta Romana, Tel. 0255 19 93 67, www.qcterme.com/it/milano/qc-termemilano, Öffnungszeiten siehe Website

Preis: 68 €/Tag mit Erfrischungen und Obst, Massage 50–100 €

Comer See und Luganer See

*

EINE LANDSCHAFT DER KONTRASTE

*

Das Nebeneinander von schroffer Bergwelt und weichem, mediterranem Licht ist allen Oberitalienischen Seen gemeinsam, doch die stärksten Kontraste zelebrieren die Landschaften des Comer und des Luganer Sees. Wie eisige, von Felswänden beschattete Fjorde wirken die schmalen Seearme, wie Promenaden am Mittelmeer die subtropisch bewachsenen Ufer.

Schöner lässt sich ein guter Tropfen kaum genießen. Na dann: Prösterchen!

Como: Ein gotisches Meisterwerk ist der Dom Santa Maria Maggiore (oben links, rechts eines der beiden Taufbecken im Mittelschiff). Erholung vom Sightseeing findet man im „Visini“ (ganz oben rechts), einer gelungenen Mischung aus Enoteca, Pasticceria und Ristorante.

Von einem englischen Landschaftspark umgeben ist die Villa Olmo in Como.

Frühling schickt sein blaues Band – an die Uferpromenade in Como.

»WENN DU NICHTS ALS EIN HERZ UND EIN HEMD BESITZT, SO VERKAUFE DEIN HEMD UND STILLE DEIN HERZ, REISE AN DEN SEE VON COMO.«

Stendhal

Dies ist eine Szenerie mit magischer Anziehungskraft auf Berühmte und Betuchte. Laglio am Comer See etwa kann ein Lied davon singen. Seit George Clooney die Villa Oleandra erwarb und nun jeden Sommer ein paar Wochen dort verbringt, steht der Ort unter der Belagerung von Fans und Paparazzi. Laglios Bürgermeister erließ sogar ein Verbot, im Umkreis der Villen stehen zu bleiben oder sich Clooneys Grundstück vom See her zu nähern. Immer wieder kochen auch Gerüchte hoch, die Clooneys wollten die Villa wegen der ständigen Belästigung durch Gaffer verkaufen. Besonders hysterisch wurden die Spekulationen 2023 – Fake News. Einen Effekt hat die Anwesenheit der Promis auf jeden Fall: Seit ihrem Einzug sind die Immobilienpreise explodiert.

ALLE WOLLEN NUR CLOONEY

Flavia, Mitarbeiterin im Tourismusbüro von Como, kann die Frage nach George Clooney nicht mehr hören. „Wir haben eine wundervolle Altstadt, einen sensationellen Dom, fantastische Villen – und alle wollen nur Clooney“ schimpft die junge Frau. Was würde denn Flavia zur Besichtigung empfehlen, abseits der üblichen Highlights? „Razionalismo“, die Architektur der klassischen Moderne, so ihr Rat. Architekten wie Giuseppe Terragni, der in den 1920er- und 1930er-Jah-

Eine Fahrt am Ostufer des Comer Sees entlang bietet immer wieder faszinierende Panoramablicke (oben links). Zu den Annehmlichkeiten des „süßen Lebens" (La Dolce Vita) in Bellagio gehört auch ein an diesem Steg an- und ablegender Taxi-Boot-Service (oben rechts). Eine der schönsten Villen am Comer See ist die Villa Carlotta am Ortsende von Tremezzo, die herrliche Parkanlagen umgeben (unten links/rechts). Der hier folgende Uferabschnitt bis Cadenabbia wird auch Riviera Tremezzina genannt.

Der Parco Civico in Tremezzo – nach der etwas oberhalb der Anlage gelegenen Villa auch „Giardini di Villa Meier" oder kurz „Parco Meier" genannt – lädt ebenfalls zur Erholung ein.

ren in Como beispielsweise die Casa del Fascio errichtete: Damit gelang dem Architekten zwar zum einen ein Idealbau des Rationalismus, ein als „gläsernes Haus" gestaltetes Manifest der damaligen italienischen Avantgarde. Zum anderen handelt es sich dabei aber auch um einen der wichtigsten Repräsentationsbauten des italienischen Faschismus.

Über die Ambivalenz solcher Bauten nachdenken kann man bei einem vom Tourismusbüro auf der Webseite beschriebenen Rundgang, beispielsweise zum 30 Meter hohen Monumento ai Caduti, das Terragni und sein Bruder Attilio 1931 für die Gefallenen des ersten Weltkriegs mit monumentaler Wucht am See errichteten.

Dass Como mit seiner touristischen Aufbereitung avantgardistischer Architektur in Diensten des Faschismus einen Drahtseilakt vollzieht, ist Flavia bewusst. Deshalb empfiehlt sie, das Monumento oder die Casa del Fascio (Haus des Faschismus) mit einem Guide zu besichtigen, der den ideologischen Kontext erklärt.

ZWEI RÖMER, EIN DOM

Letzten Endes landet dann ohnehin jeder Besucher dort, wo Como am schönsten ist: auf der Piazza del Duomo. Von dem schicken Café-Restaurant Tyamoo blickt man auf das Ensemble von Kathedrale, Torre Comunale und das mit einer zierlichen Loggia geschmückte Rathaus Broletto. Religiöse und weltliche Macht sind an diesem zentralen Platz nicht nur symbolisch vereint, sondern auch baulich miteinander verbunden. Die Kunstfertigkeit der „magistri comacini", der berühmten Bildhauer und Steinmetze aus der Region von Como und dem Comer See, die ihre Wanderschaft auch zu weit entlegenen Baustellen in Lund, Passau und St. Petersburg verschlug, prägt jedes Detail des Gotteshauses. Wie fein die Züge der steinernen Gesichter gestaltet, wie anmutig der Faltenwurf der Gewänder, wie filigran die Fialen gearbeitet sind!

Erstaunlich allerdings, dass man beim Betreten des Doms von zwei heidnischen Römern empfangen wird. Links vom Portal sinniert Plinius der Ältere, Enzyklopädiker der Naturkunde und im Jahr 25 im damals römischen Como geboren, vor sich hin; rechts sein Adoptivsohn Plinius der Jüngere, Senator, Autor der berühmten Plinius-Briefe und ebenfalls ein gebürtiger Comaske.

VILLEN UND SKANDALE

Was wäre Como, was wäre der See ohne seine Villen und deren Geschichten? Den furiosen Anfang am Westarm des Sees macht die Villa d'Este in Cernobbio. Kardinalsresidenz im 16. Jahrhundert, diente sie später der verstoßenen Karoline von Braunschweig als Exil, die hier rauschende Feste gab, um ihren Noch-Gemahl, den Prinzen von Wales, zu ärgern. Danach wurde die Villa zum Domizil von Unabhängigkeitskämpfern rund um den Baron Ippolito Ciani, die pompöse Empfänge veranstalteten, während ihre Damen unter bauschigen Röcken Geheimbotschaften schmuggelten. Im Jahr 1868 erwarb die Mutter der russischen Zarin das Anwesen, verlor aber schon zwei Jahre später die Freude daran; 1873 wurde es in ein Luxushotel umgewandelt.

WAS WÄRE COMO, WAS WÄRE DER SEE OHNE SEINE VILLEN?

Die Abbazia di Piona bei Olgiasca am Ostufer des Comer Sees gründete Bischof Agrippino von Como bereits im 7. Jahrhundert. Die heutigen Klosterbauten entstanden in der Mitte des 13. Jahrhunderts.

Varenna, mit seinem verschachtelten Stadtkern und dem südländischen Flair an der Uferpromenade wohl der hübscheste Ort am Ostufer, liegt an der breitesten Stelle des Comer Sees.

Die lang gestreckte, direkt am See gelegene Villa Monastero am Südende von Varenna geht auf ein im Jahr 1208 gegründetes Zisterzienserinnenkloster zurück.

Blick über die Dächer von Menaggio am Westufer des Comer Sees

Valtellina

Special

Sisyphos im Weinberg

Sfursat, Inferno Fiamme Antiche, Vigneto Fracia – diese Weinnamen sagen nur Kennern etwas. Sie bezeichnen eigenwillige Rote, die in einem Anbaugebiet gekeltert werden, dessen Geschichte bis in die karolingische Zeit zurückreicht.

Um die Sonnenhänge des Valtellina bepflanzen zu können, mussten einst Terrassen und Treppen in die steilen Flanken der Rätischen Alpen gegraben und Tonnen von Gestein zu Mauern und Stützen verbaut werden. Rund 2500 Kilometer Trockenmauern, das Ergebnis eines halben Jahrtausends Plackerei, schützen knappe 1000 Hektar Rebfläche. Die Arbeit hier gleicht Sisyphos im Weinberg: Viele der Terrassen sind so schmal, dass gerade mal eine Reihe Weinstöcke darauf Platz findet, und anders als in leicht zugänglichen Anbaugebieten muss hier noch alles von Hand erledigt werden. Das braucht Zeit und kostet Geld. Wie sehr die Sorgfalt der hiesigen Winzer bei der Pflanzung, Pflege, Ernte und der weiteren Verarbeitung zur Geltung kommt, schmeckt jeder, der in den Kellereien des Valtellina verkostet. Ganz knapp nur hat die so aufwendig errichtete Anbaulandschaft für die Nebbiolo-Rebe 2014 die Aufnahme in die Liste des Weltkulturerbes verpasst. Doch ob mit oder ohne Welterbesiegel: Die Valtellina-Weine von Kellereien wie Nino Negri, Ar.Pe.Pe., Dirupi oder Triacca sind immer eine Verkostung wert.

Schmal terrassiert: Rebstöcke „in Hanglage“

In der Villa Erker-Hocevar in Moltrasio komponierte einst Vincente Bellini. Man erzählt sich, dass er seine Noten nachts niederschrieb, während er dem Gesang der Sopranistin Giuditta Pasta lauschte, der aus deren Villa am anderen Ufer über den See und an sein Ohr drang.

Am Ostufer des Comer Seearms steht auch die im 16. Jahrhundert erbaute Villa Serbelloni, die der französische Schriftsteller Stendhal bewohnte. Nicht weit entfernt, in der Villa Melzi, wurde im Frühjahr 1837 eine uneheliche Tochter gezeugt, die später zur mächtigen Komponistengattin Cosima Wagner aufsteigen sollte. Ihre Eltern waren Franz Liszt und die Gräfin d’Agoult.

Schräg gegenüber von Bellagio liegt Tremezzo, Mittelpunkt der Riviera Tremezzina und eines wahren Villen-Défilées, dessen Höhepunkt die Villa Carlotta bildet. Dieses im 18. Jahrhundert errichtete Gesamtkunstwerk ist geschmückt mit Werken des Bildhauers Antonio Canova und des Malers Francesco Hayez. Wenn die Rhododendren blühen, ertrinkt der Park förmlich in einem Farbenrausch.

DER WILDE ARM VON LECCO

Der östliche Seearm mit dem Städtchen Lecco ist wilder, herber. Als „aus dem Wasser quellende Berge“ beschrieb der in Lecco aufgewachsene Schriftsteller Ales-

Luganer Kaleidoskop (im Uhrzeigersinn von ganz oben links): Giardino Belvedere mit Uferpromenade, Gabbani (Hotel, Bar, Restaurant und Delikatessengeschäft in der Via Pessina), Marktstände im Zentrum und zwei Nachtschwärmer

Urbanes Zentrum: Luganos Piazza della Riforma war 1798 Schauplatz des entscheidenden Kampfes um die Unabhängigkeit des Tessins von der von Napoleon eingeführten Zentralregierung.

Die lange, von Lugano bis Paradiso reichende Seepromenade wird vom Giardino Belvedere gesäumt, in dem zwischen subtropischen Pflanzen Skulpturen international bekannter Künstler aufgestellt wurden.

sandro Manzoni die Landschaft, in der er 1840 die tragische Liebesgeschichte seiner berühmten „Brautleute“, Renzo und Lucia, ansiedelte. Die Felsen lassen hier kaum noch Raum für Bahntrasse und Uferstraße, die ihren Weg nach Norden deshalb durch zahlreiche Tunnels nehmen müssen.

Bei Varenna, einem bezaubernden Fischerort, weichen die Vorgebirge etwas zurück. Auch der See verbreitert sich, die Szenerie verliert nun ihre Enge und gibt Raum für ein weiteres Villenjuwel, die Villa Monastero. Auf ihren Gartenterrassen pflegten dereinst Klosterschwestern die duftenden Rosenstöcke. Heute promenieren Besucher des Museums durch den Park hinunter zum See.

SCHMUGGLER IM BOOT

Zwischen Comer See und Lago Maggiore greift der Schweizer Kanton Tessin weit nach Süden und Italien hinein. Die etwas unübersichtliche, von Bergen und den schmalen Armen des Luganer Sees gezeichnete Region gilt bis heute als Schmugglerparadies. Den unwegsamen Grenzverlauf können die beiden Staaten kaum überwachen. Im Schweizer Zollmuseum von Gandria, einem ehemaligen Grenzposten, hat sich denn auch einiges angesammelt aus der Zeit, als sich der Schmuggel mit Alltagswaren noch lohnte. Dazu gehört auch eine Art Tauchboot, das Kaffee und Zigaretten von Ufer zu Ufer beförderte. Heute, so die Museumsmacher, werden im Schutz der dunklen Nacht und der häufigen Nebel Drogen und Menschen verschoben.

SCHWEIZER AUSBLICKE

Wie verwinkelt und unübersichtlich die Landschaft ist, zeigt der Blick vom Balcone d’Italia, einem herrlichen Aussichtspunkt unterhalb des Sighignola-Gipfels, zu dem eine bequeme Straße hinaufführt. In jeder Himmelsrichtung türmen sich Berge über kaltblauen Wasserarmen, als sei der Luganer See in Wirklichkeit ein kunstvoll gestaltetes Labyrinth. Auch Lugano sieht von oben aus, als habe jemand mit Türmchen und Klötzchen gespielt. Bei näherer Betrachtung entpuppt sich

Von Luganos Hausberg Monte Brè hat man einen herrlichen Blick über den Luganer See bis weit in die Alpen hinein.

Malerisch: Der ehemalige Grenzposten Gandria schmiegt sich rund fünf Kilometer östlich von Lugano an den felsigen Steilhang des Monte Brè.

Am Monte Generoso verläuft die Grenze zwischen Italien und der Schweiz (oben). Ein reicher Tuchhändler vermachte Morcote den nach ihm benannten Parco Scherrer (unten).

FLANKIERT WIRD LUGANO VON GLEICH DREI HAUSBERGEN – SAN SALVATORE, GENEROSO UND BRÈ.

der Banken- und Finanzplatz jedoch als Dauerbaustelle. Nicht die schlanken Campaniles ungezählter Kirchen dominieren seine Skyline, sondern Baukräne. Dabei herrscht schon jetzt kein Mangel an Neubauten oder Hochhäusern. Ob die neuen noch gebraucht werden, sei dahingestellt: Lugano, einst Geldwäscheparadies für reiche Italiener, hat zu hoch gepokert. Die Finanzmarktaufsicht schloss die größte Privatbank BSI und damit die dunklen, ertragreichen Kanäle.

WIMMELBILD DER RENAISSANCE

Um den Charme dieser Stadt mit gleich drei Hausbergen – San Salvatore, Generoso und Brè – zu entdecken, schlendert man am besten die Via Pessina mit ihren verführerischen, teils unter Arkaden versteckten Feinkostgeschäften entlang und trinkt an der Piazza della Riforma einen Espresso. Samstags findet dort meist ein pittoresker Antiquitätenmarkt statt.

Einen zwingende(re)n Grund für den Besuch Luganos gibt es auch: den Lettner der Klosterkirche S. Maria degli Angioli. Bernardino Luini, ein Schüler Leonardo da Vincis, hat die Trennwand zwischen Kirchenschiff und Chor im 16. Jahrhundert mit vielen Szenen und Protagonisten der Passion bemalt und so ein „Wimmelbild der Renaissance" geschaffen.

Tessins Grotti

POLENTA AUS DEM KUPFERKESSEL

Im „steilen Bergwald auf schmaler Terrasse standen Steinbänke und Tische im Baumdunkel", heißt es bei Hermann Hesse, „aus dem Felsenkeller brachte der Wirt den kühlen Wein …" Ob es in den Tessiner „grotti" noch heute so zugeht?

Im Schutz der Pergola trinkt man den guten Tropfen traditionell im „boccalino", einer Art Weinkrug.

Nein, ganz so poetisch wie der Dichter haben wir das nicht erlebt: „Langsam stiegen aus den irdenen bläulichen Tassen, Sinnbild der Vergänglichkeit, die bunten Zauber, wandelten die Welt, färbten Stern und Licht …" Unsere Besuche verliefen prosaischer, brachten aber einen ähnlichen Genuss. Etwa im Grotto Dangri, zu dem uns eine 45-minütige Wanderung führt. Voller Vorfreude und mit knurrendem Magen starten wir an der Kirche im Dörfchen Peglio hoch über dem Nordwestufer des Comer Sees. Edelkastanien, Birken und dicht behängte Brombeerbüsche säumen den in Serpentinen bergan führenden Weg. Ein Kuckuck ruft, vor uns huscht ein Feuersalamander ins Dickicht. Dann hören wir Motorenlärm – eine Geländelimousine brettert bergauf, sodass uns nur noch ein Sprung ins Gebüsch retten kann. Als wir endlich am Grotto Dangri ankommen – malerisch gelegen an den Gumpen eines Wildbachs, über den eine mittelalterliche Brücke führt – ist nicht nur der Parkplatz, sondern auch die Gaststube voll besetzt.

MAISBREI, RIPPCHEN, BRATWÜRSTE

„Grotto", Mehrzahl „grotti", heißen die rustikalen Lokale, die als Felsenkeller ursprünglich zur Lagerung von Wein, Wurst und Käse dienten. Manch ein Winzer verkaufte seinen Wein nicht nur, sondern schenkte ihn im oder vor dem „grotto" aus. Tisch und Bänke, häufig aus Granit oder Schiefer, wurden aufgestellt, bei einigen gab's zur flüssigen auch einfache, feste Nahrung. Einen Teller mit Wurst und Käse oder zwei, drei rustikale Gerichte, die hier im Grotto Dangri auf einer Schiefertafel stehen: Polenta (Maisbrei), Costola (Rippchen) und Salsicce (Bratwürste). Die Signora platziert uns auf einer überdachten Terrasse und bringt das, was in der Küche noch aufzutreiben ist. Die Polenta schwimmt auf einem See aus Olivenöl und schmeckt dennoch (oder gerade deswegen) wie der Himmel auf Erden. Die Rippchen sind kross gegrillt, der süffige, rote Nostrano wird im Tonkrug auf den Steintisch gestellt – herrlich!

Wie es anfing mit den „grotti", lässt sich wunderbar in Mendrisio am Luganer See besichtigen. Entlang der

Stefano Romelli im Grotto Bundi an der Via alle Cantine serviert Polenta aus dem Kupferkessel – in neun verschiedenen Varianten, eine leckerer als die andere!

Was Wald und Flur hergeben – Kastanien, Feigen, Äpfel –, findet Eingang in die traditionelle Tessiner Küche.

Viale delle Cantine reiht sich Weinkeller an Weinkeller. Die kühlen Lagerräume reichen tief in die Flanken des Monte Generoso hinein; vor den meisten stehen heute Tische und Bänke unter schattenspendenden Kastanien. Mit den einfachen, historischen „grotti" haben diese Lokale jedoch nicht mehr viel gemein, auch wenn sie sich noch so nennen. Die simple Bauernkost wird bereichert durch feinen Salami- und Mortadella-Aufschnitt, Pesce in Carpione (mit Essig und Kräutern marinierte Forellen), Vitello tonnato (hauchdünn geschnittenes Kalbfleisch mit einer Thunfischsauce und Kapern) oder Kaninchen. Auch Polenta, Pilze, Minestrone, die Kuttelsuppe Busecca und lokaler Ziegenkäse stehen auf den Speisekarten. Im Herbst gibt es manchmal Pane alle Castagne, das typische Maronenbrot aus dem Verzascatal.

VOM GROTTO ZUM RESTAURANT

Am Beispiel des Grotto Bundi in Mendrisio lässt sich die Verwandlung vom „grotto" zum Restaurant gut nachvollziehen. Zu Beginn des 20. Jahrhunderts begann Abbondio Calderari, den alle nur „Bundi" nannten, mit dem Weinausschank und dem Verkauf von Wurst und Käse. Im Lauf der Jahre wurde das Speisenangebot erweitert. Heute ist Bundis „grotto" ein immer noch zünftiges, aber durchaus auch gutbürgerliches Restaurant, dessen Karte allein neun köstliche Varianten der im Kupferkessel über dem offenen Feuer zubereiteten Polenta al Camino listet, darunter eine mit Wachteln. Im Onlineshop vertreibt Bundi verschiedene Mehlsorten, Marmeladen, Kräuter und Wurstwaren. Und wer die Polenta zu Hause nicht missen, sondern selber machen möchte, der bekommt bei Bundi die „Geheimmischung" und das Rezept zum Mitnehmen.

DIE SUCHE NACH DEM URSPRÜNGLICHEN

Um ursprüngliche „grotti" zu finden, lohnt es sich, auch ein bisschen tiefer in die Täler hineinzufahren, beispielsweise ins Valle Maggia nördlich von Locarno. Das Grotto Pozzacs, ursprünglich eine Mühle, liegt ungemein idyllisch an einem Flüsschen, umgeben von hohen Bergen. Der Wirt serviert Polenta, marinierten Ziegenkäse und Wurst, Minestrone und Kutteln („trippe"). Auf der von einer sanften Brise gekühlten Terrasse könnte man auch ganze Tage vertrödeln.

In Tegna, Particia Highsmiths Wahlheimat im Val Onsernone, hat das hohe, schmale Steinhaus des Grotto America schon vier Jahrhunderte auf dem Buckel. Seit dem Jahr 1901 werden hier Gäste bewirtet, vor allem jene, so erzählen die Alten, die einst das bitterarme Tessin verließen, um ins gelobte Land auszuwandern. Was in diesem Fall hieß: nach Amerika.

Urig & Gut

Eine Auflistung empfehlenswerter „grotti" findet sich auf **http://igrot.ch.** Die traditionellen Lokale sind nur im Sommerhalbjahr, dann aber meist den ganzen Tag, geöffnet.
Grotto Dangri (€), Tel. 0368 372 57 05, das Grotto ist über die SP4 von Livo (oberhalb von Gravedona) zu erreichen
Grotto Pozzasc (€), Al Fiume, 6695 Peccia, Tel. 0041 91 7 55 16 04, https://grottopozzasc.ch
Grotto America (€€), 6652 Tegna, Tel. 0041 91 7 96 23 70, www.grottoamerica.ch
Grotto Bundi (€€), Via alle Cantine, 24, 6850 Mendrisio, Tel. 0041 91 6 46 70 89, www.grottobundi.com

Brot, Schinken, Salami, serviert mit einem guten Glas Wein – die Tessiner Küche steht für einfache, herzhafte Genüsse.

Maßstab 1:325.000
0
3
6km
1
2
3
4
5
Locarno
Bellinzona
Lugano
Campione d'Italia
Menaggio
Bellagio
Varenna
Parco delle Grigne
Lecco
Como
Varese
Mendrisio
Chiasso
Cantù
Erba
Saronno
Seregno
Desio
Monza
Busto Arsizio
Legnano
Rho
Sesto San Giovanni
Vimercate
Trezzo sull'Adda
Cernusco sul Naviglio
Pioltello
Segrate
Milano

HOHE BERGE, TIEFE SEEN

Noch schmaler, noch verzweigter als die übrigen Oberitalienischen Seen sind die beiden nördlich von Mailand gelegenen. Der Comer See wie der zu 63 Prozent auf Schweizer Staatsgebiet liegende Luganer See werden durch hohe Gebirgszüge vor Nordwinden geschützt und verdanken dem milden Klima eine subtropische Pflanzenpracht.

1 Como

Der Hauptort (84 000 Ew.) am Westarm des Comer Sees ist ein ebenso bedeutendes Industrie- wie Tourismuszentrum. In der Tradition der Seidenweber, die in und um Como bereits ab dem 16. Jh. ihrem Gewerbe nachgingen, siedelten sich an der Peripherie vor allem Unternehmen der Textilindustrie an. Das kompakte Stadtzentrum lässt noch den rechtwinkeligen Grundriss des römischen Comum erkennen. Im Mittelalter wurde die Stadt mit einer zum Teil heute noch erhaltenen Stadtmauer befestigt.

SEHENSWERT/MUSEUM
An der nordwestlichen Ecke der Altstadt befindet sich die **Piazza del Duomo** mit ihren drei charakteristischen Gebäuden: Das um 1200 in einem weiß, grau und rosafarbenen Streifenmuster errichtete Rathaus **Broletto**, dessen Loggia-Arkaden auf ebenfalls mehrfarbigen Säulen ruhen, schließt auf einer Seite an den Torre Comunale an und auf der anderen an den ab 1396 errichteten und bis 1744 fertiggestellten **Dom TOPZIEL**, das Meisterwerk der einheimischen Steinmetz- und Bildhauerschule. Die **Porta Torre** (12. Jh.) führt aus dem Bereich der ummauerten Stadt in die neueren Wohnviertel. Hier kann man dem Verlauf der Stadtmauer ein Stück nach Süden folgen. Die romanische **Basilica Sant'Abbondio** wurde 1013 von Benediktinern erbaut. Außergewöhnlich ist die komplett mit Fresken des 13. Jh.s ausgemalte Apsis. Vorbei am **Monumento ai Caduti**, dem herausragenden Beispiel des Razionalismo in Como, erreicht man die **Villa Olmo**. Der klassizistische Bau mit seiner zum See geneigten Gartenanlage beherbergte schon viele berühmte Persönlichkeiten und zeigt sich im Glanz der kürzlichen Restaurierung (Villa Di.–So. 10.00–18.00, Garten Winter 7.00–19.00, Sommer bis 23.00 Uhr). Ein Besuch im **Museo Didattico della Seta** im östlichen Neustadtbereich entführt in die faszinierende Welt der Seidenweberei, die Comos Familien über Jahrhunderte ernährt hat (Via Castelnuovo 9, Mi.–So. 10.00–13.00, Di.–So. 14.00–18.00 Uhr, www.museosetacomo.com).

VERANSTALTUNG
Zum **LakeComo Festival** im September spielen bekannte Interpreten klassische Musik, teils in Villen, die sonst nicht zugänglich sind (Programm unter www.lakecomofestival.com).

Pavillon im Garten der Villa Melzi in Bellagio (oben); Renaissanceschmuck in gotischem Rahmen zeigt das Innere des Doms von Como (rechts oben); Mußestunde auf einer Kaimauer in Cernobbio (rechts unten).

SHOPPING
Die Altstadt ist ein Shopping-Paradies mit vielen Geschäften italienischer Designer. In der **Enoteca Visini** erwarten Sie Weine und Delikatessen aus der Lombardei (Via Ballarini 9, Tel. 031 24 27 60, www.visini.it).

RESTAURANT
Auf der Speisekarte des **€€ Ristorante Sociale** findet jeder ein Lieblingsgericht zu moderaten Preisen (Via Rodari 6, Tel. 031 26 40 42, www.ristorantesociale.it). Mediterrane Küche serviert das **€€€€ The Market Place**, dessen Küchenchef Davide Maci schier unerschöpfliche kulinarische Fantasie besitzt (Via Borsieri 21, Tel. 342 3 66 41 09, So. geschl). Den Ausflug ins Intelvi-Tal krönt der Besuch im unscheinbaren **€ Ristorante Hosterietta** mit kulinarischen Köstlichkeiten (Via S. Fidele, Castiglione d'Intelvi, Tel. 031 24 15 16, www.hosterietta.com).

UNTERKUNFT
Das Plus des sympathischen **€€€€ Hotel Borgovico** sind seine hübsch renovierten, komfortablen Zimmer (Via Borgovico 91, Tel. 031 57 01 07, www.hotelborgovico.it). In einem ehemaligen Kloster logieren Gäste des **€€ B&B San Antonio** (Via Rezzonico, 23, Tel. 034 4 77 21 17, www.bblakecomo.it).

UMGEBUNG
Zumindest einen Cappuccino sollten Sie sich 7 km nordwestl. auf der Terrasse der fantastischen Villa d'Este in **Cernobbio** gönnen, in der zahlreiche gekrönte Häupter gelebt haben, ehe die Villa in ein Luxushotel umgewandelt wurde (Via Regina 40, www.villadeste.com).

INFORMATION
Infopoint Como, Via Albertolli 7,
Tel. 031 4 49 30 68, www.lakecomo.it

2 Bellagio

Der eleganteste Ferienort am Comer See ist **Bellagio TOPZIEL** (3100 Ew.), ein ehemaliges Fischerdorf an der Landspitze, an der sich der See in seine beiden wie bei einem auf dem Kopf stehenden Ypsilon geformten Arme teilt.

Blick auf das malerisch gelegene, einstige Fischerdorf Bellagio

Bellagio besteht aus dem *borgo*, dem alten Ortskern im Westen, und den im 19. Jh. erbauten Prunkvillen entlang der Seepromenaden.

SEHENSWERT

Den „borgo" beherrscht die romanische **Basilika S. Giacomo**. Zur kostbaren Ausstattung gehören das Altarbild eines Perugino-Schülers und ein Kruzifix aus dem 11. Jh. Die im Kern aus dem 15. Jh. stammende **Villa Serbelloni** und ihr üppiger Park beherbergen heute ein Grandhotel, weshalb man die Parkanlage nur im Rahmen einer Führung besichtigen kann (April–Okt. Di.–So. jeweils 11.00 u. 15.30 Uhr, Treffpunkt PromoBellagio, Piazza della Chiesa). Zugänglich ist die **Villa Melzi d'Eril** am Westufer. Den zu Beginn des 19. Jh.s errichteten Bau umgibt ein englischer Landschaftspark mit Statuen, Teichen und einem maurischen Pavillon. Berühmte Liebespaare wie Franz Liszt und die Gräfin d'Agoult wählten das romantische Anwesen als ihren Rückzugsort (Lungolario Manzoni, April–Okt. tgl. 10.00–19.00 Uhr, www.giardinidivillamelzi.it).

SHOPPING

Faszinierende Radierungen und Stiche stellen die beiden Künstler **Lili Barone** und **Gabriel Kantor** in ihrem Atelier aus (Salita Mella 27, www.atelierbellagio.it). Bei **Azalea Silk of Como** bekommen Sie die hübschen Produkte aus Comos traditionsreicher Seidenmanufaktur (Salita Serbelloni 31).

RESTAURANT & UNTERKUNFT

Familiär zu geht es im **€€€ Ristorante Bilacus** im Herzen des *borgo* (Salita Serbelloni 32, Tel. 031 95 04 80, www.bilacusbellagio.it). Über 300 verschiedene Weine führt die **€€ Enoteca Cava Turacciolo**. Zur Verkostung können Gäste Wurst- und Käseplatte, Fisch-Antipasti oder Pastagerichte bestellen (Salita Genazzini 3, Tel. 031 95 09 75, www.cavaturacciolo.it). Selbstversorger werden sich in den modernen Apartments von **€€€ Il Sogno Bellagio** wohlfühlen (Salita Genazzini 4, Tel. 337 1 16 19 46, www.ilsognobellagio.it).

UMGEBUNG

Ein weiterer traumhafter Park umgibt die Villa Monastero, ein ehemaliges, im 13. Jh. gegründetes Kloster in **Varenna;** das im Innern eingerichtete Museum zeigt vor allem historische Möbel und Gemälde (Museum März Fr.–So. 10.00–17.00, April, Mai, Sept. Di.–So. 9.30 bis 19.30, Juni–Aug. tgl. 9.30–20.00, Okt. Di.–So. 10.00–18.00 Uhr, Garten selbe Zeiten aber täglich, Winter stark eingeschränkt, www.villamonastero.eu). Das aus dem 13. Jh. stammende Castello di Vezio wird aus den Einnahmen einer Falknerei unterhalten. Raubvögel zeigen bei Flugvorführungen ihr Können (Juni bis Aug. Mo.–Fr. 10.00–19.00, Sa., So. 10.00 bis 20.00, April, Mai, Sept. Mo.–Fr. 10.00–18.00, Sa., So. 10.00–19.00, März, Okt. Mo.–Fr. 10.00 bis 17.00, Sa., So. 10.00–18.00 Uhr, www.castellodivezio.it). Am nördlichen Ostufer lockt bei **Colico** die Abbazia di Piona mit einer schlichten Kiche (13. Jh.) und allerlei von Mönchen hergestellten kulinarischen Köstlichkeiten.

INFORMATION

Promo Bellagio, Piazza della Chiesa 14, Tel. 031 95 15 55, www.bellagiolakecomo.com

❸ Tremezzo

Das Städtchen am Fuß des Monte Procione ist Mittelpunkt der nach ihm benannten Riviera, einer eindrucksvollen Aufeinanderfolge prunkvoller Villen.

SEHENSWERT/MUSEUM

Die im 17. Jh. auf einer Anhöhe erbaute **Villa Carlotta** steht in grandioser Lage direkt Bellagio gegenüber. Ein anmutiger Barockgarten führt von der Villa hinunter an den See. Mitte des 19. Jh.s wurde ein Teil des Areals als englischer Landschaftsgarten gestaltet und Ende des 19. Jh.s um einen botanischen Garten ergänzt, dessen 150 verschiedene Azaleenarten das Gelände im Frühjahr in einen Farben- und Blütentraum verwandeln. Im Inneren der Villa haben die Eigentümer wertvolle Gemälde und Skulpturen versammelt (Via Regina 2, Tremezzo, Ende März–Mitte Okt. tgl. 10.00–19.00 Uhr, www.villacarlotta.it).

RESTAURANT & UNTERKUNFT

Selten sitzt man so idyllisch am See wie in der **€€€ Cucina della Marianna** gegenüber der Isola Comacina. Das Wirtspaar serviert wechselnde Menüs und vermietet Gästezimmer (Via Regina 57, Griante, Tel. 0344 4 31 11, https://la-marianna.com). Einen fantastischen Blick haben die Suiten des hoch am Hang gelegenen **€€€ Al Veluu**, dessen Restaurant ebenfalls sehr empfehlenswert ist (Via Rogaro 11, Tremezzo, www.alveluu.com). Einfach und deftig speisen vor allem junge Leute in der **€ Hosteria de Menàs** (Via IV Novembre 106, Tel. 0344 3 23 56, www.hosteriademenas.it) mit schönem Blick auf den See.

MIT SEINEN NACH SÜDWESTEN AUSFRANSENDEN TEILEN MACHT DER LUGANER SEE SEINEM ITALIENISCHEN NAMEN, CERESIO (DER GEHÖRNTE), ALLE EHRE.

Tipp

Blütenmeer

Rund 10 km außerhalb von Lugano entfaltet der Parco San Grato auf 690 m Meereshöhe im Frühjahr eine berauschende Blütenpracht. Azaleen und Rhododendren übertreffen sich zwischen Mai und Juni mit Farbkaskaden. Wenn Sie später dran sind, trösten malerisch angelegte Themenwege und atemberaubende Seeblicke.

Parco Botanico San Grato, 6914 Carona, https://parcosangrato.ch, tgl. von Sonnenauf- bis -untergang

UMGEBUNG

Weiter gen Norden ist **Menaggio** der Hafen für die Seenschifffahrt und ein wichtiges touristisches Zentrum mit zahlreichen Hotels. Mittelpunkt ist die lebhafte Piazza Garibaldi mit vielen Souvenirgeschäften und Restaurants.

INFORMATION

Ufficio Turistico, Via Regina 3, Tremezzo, Tel. 0344 4 04 93, https://mylakecomo.co/en

❹ Lugano

Der Aufstieg zum lange Zeit drittgrößten Finanzplatz der Schweiz hat Lugano (65 000 Ew.) ein von Hochhäusern geprägtes Stadtbild beschert. Lohnend ist ein Besuch der Altstadt.

SEHENSWERT

Von den Piazze della Riforma, Manzoni und R. Rezzonico ausgehend, führen Gassen durch den übersichtlichen Altstadtbereich. Bürgerhäuser des 19. Jh.s rahmen die Plätze ein, nur der **Palazzo Riva** an der Piazza Manzoni zeigt stolzes Barock. Originell sind die Feinkostläden an der Via Pessina. Topsehenswürdigkeit ist die südwestlich der Altstadt gelegene Kirche **Santa Maria degli Angioli**, die 1529 vom lombardischen Renaissancemaler Bernardino Luini mit einem schönen Fresko geschmückt wurde. Mehrere Bauten des Tessiner Architekten Mario Botta gibt es in Lugano zu besichtigen, so den **Palazzo Ransila** (Corso Pestalozzi) oder Bottas Atelier in der Via Ciani 16. Der **Giardino Belvedere** begleitet mit subtropischem Pflanzenreichtum die Uferpromenade bis zum Seebad Paradiso.

VERANSTALTUNG

Zum Nationalfeiertag am 1. Aug. erleuchtet ein Feuerwerk den See beim **Spettacolo Pirotecnico**. Mitte Juli spielen Musiker beim **Estival Jazz** „draußen & umsonst" (https://longlake.ch/it/estival-jazz).

RESTAURANT & UNTERKUNFT

In der gut sortierten Weinhandlung **€€€ Bottegone del Vino** genießen die Gäste sorgsam zusammengestellte Menüs und die dazu empfohlenen Weine (Via Magatti 3, Tel. 091 9 22 76 89). Bezaubernd ist **€€€ La Cucina di Alice** (Riva Vincenzo Vela 4, Tel. 091 9 22 01 03, https://lacucinadialice.ch) mit großer Auswahl kreativer Salate. Versuchen Sie, im seit 1906 existierenden **€€€€ Hotel International au Lac** ein Zimmer zum See zu bekommen – der Blick ist fantastisch; im 1. Stock gibt es ein kleines Museum (Via Nassa 68, Tel. 091 9 22 75 41, www.hotel-international.ch).

UMGEBUNG

Am Lungolago nach Osten klebt der ehemalige Fischerort und Grenzposten **Gandria** förmlich am Felshang des Monte Brè; reizvoll ist ein Bummel durch seine steilen Treppengassen und der Besuch in einem der vielen Restaurants mit Terrasse zum See. Die „cantine", die Weinkeller von Gandria, liegen am Ufer gegenüber. Dort befindet sich auch das **Schweizer Zollmuseum** (April–Okt. Di.–So. 12.00–17.00 Uhr). In **Montagnola** erinnert das Museo Hesse an den Autor (siehe „zur Sache", S. 32).

INFORMATION

Info Center Lugano, Piazza della Riforma 1, Palazzo Civico, Tel. 058 2 20 65 06, www.luganoregion.com

5 Morcote

Der hübsche Ort an der Südspitze einer Halbinsel ist wegen seines malerischen Zentrums ein beliebtes Ausflugsziel. Die Anfahrt von Melide belohnt mit immer neuen, herrlichen Panoramen auf Monte Generoso und San Giorgio. Hoch über Morcote thront die Wallfahrtskirche **S. Maria del Sasso**; das Innere ist mit bildgewaltigen Renaissancefresken geschmückt. Den verwunschenen **Parco Scherrer** stattete sein Besitzer zu Beginn des 20. Jh.s mit ägyptischen Tempelchen, griechischen Gottheiten, thailändischen Buddhastatuen und diversen anderen Erinnerungsstücken an seine Reisen aus; das Ganze ist eingebettet in üppige, subtropische Vegetation (Mitte März–Okt. 10.00–17.00, Juli, Aug. bis 18.00 Uhr, http://morcoteturismo.ch). Im Freizeitpark **Swissminiatur** bei Melide erleben Sie die Schweiz im Maßstab 1 : 25 (www.swissminiatur.ch). In Riva S. Vitale am Südende des rechten Seearms entführt das **Baptisterium S. Giovanni** in die Frühzeit des Christentums. Im Zentrum des Baus aus dem 6. Jh. befindet sich ein achteckiges, in den Boden eingelassenes Taufbecken; an den Wänden sind Freskenreste aus dem 10. Jh. erhalten.

RESTAURANT & UNTERKUNFT

Familiär ist der Empfang im **€€€ Albergo della Posta** (Piazza Grande, Morcote, Tel. 091 9 96 11 27, www.hotelmorcote.com) mit geschmackvoll eingerichteten Zimmern. Das Restaurant bietet Seefischspezialitäten und Holzofenpizzas.

INFORMATION

Ente Turistico, Riva dal Garavèll, Tel. 058 2 20 65 02, www.morcoteturismo.ch

AUF SCHUSTERS RAPPEN ZU DEN SAURIERN

Das Dörfchen Meride am Monte San Giorgio ist ein Mekka für paläontologisch Interessierte: Dessen Fundstellen von Fossilien aus dem mittleren Trias, einer geologischen Periode vor etwa 247 bis 236 Millionen Jahren, zählen zu den wichtigsten Lagerstätten der Welt, weshalb sie von der UNESCO zum Weltnaturerbe ernannt wurden. Ein Museum und der Lehrpfad Monte San Giorgio 636 entführen in die Ära von Fisch- und Landsauriern.

Was hat ein Mixosaurus auf dem Monte San Giorgio verloren? Der Fischsaurier schwamm, ebenso wie seine Kollegen von den Ammoniten, vor rund 240 Millionen Jahren durch das damals weite Teile der Erde bedeckende Tethys-Meer. Ihre in Kalk, Dolomit oder Ton versteinerten Skelette werden zusammen mit Algen, Muscheln, aber auch Relikten von Landsauriern in ungewöhnlich hoher Konzentration auf dem Monte San Giorgio gefunden.

Im Fossilienmuseum (Museo dei Fossili)

Der Lehrpfad zu den Fossilien des Monte San Giorgio startet am Museum in Meride und führt leicht ansteigend durch Kastanienwälder und vorbei an insgesamt 20 Schautafeln zunächst zur Alpe di Brusino mit einem einladenden „grotto". Gestärkt für den steilen Aufstieg bis Pianascio belohnt die Wanderer ein herrliches Panorama. Dann geht's bergab über Pissarda nach Albertina und zum Abschluss noch ein kurzes Stück bergauf nach Meride. Nach dem doch recht schweißtreibenden Weg beantwortet die Ausstellung in dem von Mario Botta entworfenen Fossilienmuseum die noch offenen Fragen.

Weitere Informationen: Der Rundweg von Meride ist 12,5 km lang und technisch anspruchslos, erfordert aber mit insgesamt 766 Höhenmetern einige Kondition. Für die Tour sind etwa viereinhalb Stunden Gehzeit zu veranschlagen. Einkehrmöglichkeit gibt's nach dem ersten Drittel im **Grotto Alpe di Brusino**. Ein Besuch im **Museo dei Fossili del Monte San Giorgio** (Via Bernardo Peyer, 9, Meride, Tel. 091 6 40 00 80, www.museodeifossili.ch, Di.–So. 9.00–17.00 Uhr) bildet den informativen Abschluss.

DOM
PATRONO

Von Bergamo bis Brescia

*

VERBORGENE SCHÖNHEIT, LÄNDLICHES IDYLL

*

Bergamo und Brescia werden gern übersehen. Dabei sind Bergamos Piazza Vecchia und Brescias römisches Theater kaum weniger beeindruckend als der Mailänder Dom und die Arena di Verona. Und zwischen den beiden Städten verbirgt sich zudem ein ländliches Idyll, der malerische Iseosee.

Barockliebhaber kommen im Inneren des in den Jahren 1680 bis 1688 vollendeten Doms von Bergamo ins Schwärmen.

Blick vom 54 Meter hohen Stadtturm Torre Civica, auch „Campanone" genannt, auf und über die Dächer von Bergamo.

Die zwischen 1440 und 1493 angelegte Piazza Vecchia ist das Herz der Altstadt von Bergamo. Im Süden wird der Platz vom Palazzo della Ragione flankiert, dem früheren Rathaus der Stadt.

Die neoklassizistische Fassade des Doms von Bergamo entstand erst im Jahr 1886.

In den engen Gassen der Altstadt von Bergamo – hier die Via Bartolomeo Colleoni – wandelt man auf den Spuren einer verlorenen Zeit.

STUDIEREN IN BERGAMO IST EIN TRAUM. PHILOSOPHIEREN, UMGEBEN VON MITTELALTER UND RENAISSANCE — DIESEN LUXUS BEKOMMEN STUDIERENDE NICHT ÜBERALL GEBOTEN.

Schritte hallen durch die Città Alta. Es wirkt fast ein bisschen unheimlich, denn bis auf ein sich näherndes Klack-Klack in den menschenleeren Gassen hört man nur das Gurren der Tauben, die von den Simsen der historischen Palazzi und Kirchen Bergamos Oberstadt beäugen. In der Via Donizetti beschleunigen die Schritte auf den Palazzo dell'Arciprete zu. Eine verspätete Studentin hastet zu ihrem Philosophieseminar. Studieren in Bergamo ist ein Traum: Die Institute, in denen die Vorlesungen und Seminare der Geisteswissenschaftler gehalten werden, sind in den historischen Palazzi der Oberstadt untergebracht, die komplett unter Denkmalschutz steht. Die Bibliothek findet man in einem Bau aus dem 16. Jahrhundert. Wenn sich die Tore des im selben Jahrhundert erbauten Palazzo dell' Arciprete öffnen, strömen Italiener, Deutsche, Japaner, Amerikaner und Briten hinaus, und die Città Alta ist erfüllt von babylonischem Sprachengewirr.

DIE RACHE DES MALERGENIES

Als der Schweizer Architekt Le Corbusier 1949 die Piazza Vecchia, den Mittelpunkt der Altstadt von Bergamo sah, erschien ihm diese als einer der schönsten Plätze der Welt. Das denkmalgeschützte Ensemble aus romanischem Campanone-Turm, dem Palazzo della Ragione in venezianischer Gotik, der im Renaissancestil errichteten Biblioteca Civica und dem barocken Brunnen ist von unvergleichlicher Eleganz.

Ob Le Corbusier auch Santa Maria Maggiore auf der Piazza nebenan besichtigt hat, ist nicht überliefert. Gefallen hätte ihm die Kirche sicher, denn im Gotteshaus verbirgt sich ein eigenwilliges Kunstwerk: 1522 bestellte die Kirchenverwaltung bei dem venezianischen Maler Lorenzo Lotto 33 Bilder mit Szenen aus dem Alten Testament. Nach diesen Vorlagen sollten die Lehnen des Chorgestühls mit Intarsienbildern versehen und zum Schutz durch eigens dafür angefertigte Holztafeln verdeckt werden. Während das Projekt voranschritt und ein junger, hoch begabter Künstler die gezeichneten Motive in Holz umsetzte, wurde Lotto immer unzufriedener. Seiner Ansicht nach bekam er einen Hungerlohn; alle Nachverhandlungen führten zu nichts. Nach Fertigstellung des letzten Bildes im Jahr 1555 setzte der verbitterte Meister nie wieder einen Fuß nach Bergamo. Ob die Ambivalenz seines Werks in dieser Enttäuschung begründet liegt? Lotto entwarf für die Decktafeln alchemistische Zeichen und verbarg diese Symbole der schwarzen Magie zwischen den christlichen Motiven. Einige sehen so aus, als hätte Salvador Dalí sie ersonnen.

Drei Bauten bestimmen die Piazza Paolo VI in Brescia: An der Ostseite des Platzes stehen nebeneinander der alte und der neue Dom sowie der Broletto, das alte Rathaus (oben). Zwar scheint der Duomo Vecchio hinter dem Duomo Nuovo fast zu verschwinden. Und doch ist die „Rotonda" (unten links), wie der alte Dom auch genannt wird, das eigentliche Schmuckstück des Ensembles. Der im Jahr 73 erbaute Tempio Capitolino erhebt sich an der nördlichen Schmalseite des antiken Forums in Brescia (unten rechts).

In einem schönen Industriegebäude der Franciacorta, wo einst aus Erde Ziegel geformt wurden, kreiert Contadi Castaldi seinen Satèn – einen samtig-seidigen Schaumwein der Spitzenklasse.

In den Weinkellern von Riccardo Ricci Curbastro gedeiht ein hervorragender Spumante.

Special

Crespi d'Adda

Von der Wiege bis zur Bahre ...

Möchte man hier leben? In den uniformen Häuschen, den Fabriktoren gegenüber, hinter denen man den Arbeitstag verbringt? Abhängig vom Wohlwollen des Patrons in seinem „Burg" genannten Herrenhaus? Aus heutiger Sicht nein. Doch gegen Ende des 19. Jahrhunderts war das, was die Baumwollfabrikantenfamilie Crespi in der Nähe ihrer Fabrik am Ufer des Flusses Adda errichtete, revolutionär.

UNESCO-Welterbe in Reih und Glied

Eine Arbeiter-Idealstadt sollte es sein, die dort Cristoforo Crespi und sein Sohn Silvio ab 1878 schufen. Von der Wiege bis zur Bahre wollten sie sich hier in Vorwegnahme staatlicher Sozialleistungen um ihre Arbeiter kümmern, ihnen Wohnraum, Gärten, Gemüsegärten und alle notwendigen Dienstleistungen zur Verfügung stellen. Aufgeschlossen gegenüber allem Modernem, sollte die Siedlung sogar als erste Italiens mit elektrischem Strom beleuchtet werden.

Die Crespis waren nicht die Ersten, die im Zuge der industriellen Revolution an solche Projekte dachten: In England und Frankreich entstanden ähnliche Komplexe. Eine Sozialutopie, die aber nur so lange funktionierte, wie die Arbeiter ihrem Patron treu blieben. Wollten sie die Stelle wechseln, verlor die ganze Familie ihre Absicherung. In Crespi d'Adda waren sie zudem völlig isoliert – die Siedlung wurde weitab von Bergamo und Brescia auf der grünen Wiese erbaut. Dort steht sie noch heute, ist größtenteils bewohnt und als UNESCO-Welterbe hervorragend erhalten. Nur die Fabrik schloss 2003 ihre Pforten.

DIE VIELEN GESICHTER DER STADT

Anders als Bergamos Città Alta auf ihrem steilen Hügel besaß Brescias Altstadt keinen natürlichen Schutzwall gegen die vordringende Moderne und wirkt deshalb nicht so homogen. Das grandiose römische Areal mit Theater und Kapitolstempel klemmt regelrecht zwischen den Wohnhäusern der Via Musei. Ein Geschenk Venedigs an die 1428 unter seine Fittiche geschlüpfte Kommune war die harmonischere Piazza della Loggia, die nach dem Vorbild der Serenissima mit Loggia, Uhrturm und zwei die Glocke schlagenden Bronzefiguren geschmückt ist und nahezu übergangslos in die monumentale Piazza della Victoria im Stil des Rationalismus übergeht – mit ihr wollte sich Mussolini in Brescia verewigen. Und als wäre nicht genug Platz gewesen, ein stimmigeres Ensemble zu schaffen, stehen an der lang gestreckten Piazza Paolo VI das Rathaus Broletto sowie ein alter und neuer Dom in Reih und Glied und lassen jegliche Harmonie vermissen. Aber vielleicht gerade deshalb wirkt Brescia nicht wie ein Museum, sondern wie eine ganz normale Stadt. Eine Stadt, in der hart gearbeitet wird, um eine der höchsten Wirtschaftsleistungen Italiens zu erbringen. Und eine Stadt, die 2020 zusammen mit Bergamo wegen der vielen Corona-Opfer traurige Schlagzeilen.

Für eine multikulturelle Gesellschaft gibt es keinen besseren Spiegel als deren

Blick von Sulzano am Ostufer des Lago d'Iseo auf die gegenüberliegende Insel Monte Isola, den „Insel-Berg" im See.

Das vom Oglio durchflossene Val Camonica – hier mit Blick auf das Breno-Kastell – erstreckt sich von der Nordküste des Lago d'Iseo bis zum Passo del Tonale im Nordosten der Lombardei.

Südlich des Lago d'Iseo breitet sich zwischen Bergamo und Brescia das Weinbaugebiet Franciacorta aus, dessen Schaumweine das Prädikat DOCG (kontrollierte, geschützte Herkunft) tragen.

Mit einer Fläche von gut vier Quadratkilometern und einem Umfang von rund acht Kilometern ist die Monte Isola die größte Insel in einem europäischen Binnensee.

Essensgewohnheiten, und wo ließen sich diese besser studieren, als im Restaurant? Signore Domenico, „padrone" der beliebten Osteria al Bianchi, hat es sich als unumschränkter Alleinherrscher über Personal und Gäste zur Gewohnheit gemacht, keine Privilegien zu gewähren – vor der Pasta sind alle gleich.

War das Abendessen als intimes Tête-à-tête geplant? Von wegen. Domenico setzt so viele Leute an den Tisch, wie nur geht. Freundliche Bedienung? Eher flott und effektiv – neue Gäste warten schon. Bevorzugte Behandlung? Da macht die lokale Prominenz die Rechnung ohne den Wirt. Auch die adelige Dame im Nerz muss dort speisen, wo Domenico sie platziert, neben dem Müllwagenfahrer aus Nigeria. Aber die Gäste lassen Domenicos Dirigat klaglos über sich ergehen. Denn die Küche ist unschlagbar: Es schmeckt wie am Sonntagmittag bei der „mamma" – einen höheren Grad der Anerkennung gibt es in Italien nicht.

VON HIRSCHEN UND GÖTTERN

Was war Italiens erste von der UNESCO ausgewählte Weltkulturerbestätte? Die Peterskirche in Rom? Die historische Altstadt von Verona? Weit gefehlt! Im Jahr 1979 wurde mit dem Val Camonica eine Stätte für den prestigeträchtigen Titel ausgewählt, deren kulturhistorisches Kapital aus über 300 000 Felsbildern besteht. Sie reichen von der Mittelsteinzeit, also um 8000 v. Chr., bis in die Neuzeit und stellen mindestens ebenso viele undechiffrierbare Symbole dar wie deutlich erkennbare Motive – Kriegsszenen, Tänze, Reiter, ein Hirschgott mit Geweih ... Urheber dieser Bilderflut waren die Camuni, ein Volk, das lange vor der Zeitenwende im 80 Kilometer langen Tal zwischen Iseosee und dem 1883 Meter hoch gelegenen Tonalepass lebte, später von den Römern unterworfen und dann von Missionaren christianisiert wurde.

„Camuni" nennen sich die Bewohner des Tals bis heute, auch wenn von der Kultur ihrer steinzeitlichen Vorfahren nur wenig erhalten ist.

Die Langobarden

KRIEGERISCHE NOMADEN, FEINSINNIGE KULTURTRÄGER

Lang rätselte die Geschichtswissenschaft darüber, wie das antike Gedankengut den Zusammenbruch des Römischen Reiches und die Wirren der Völkerwanderung überdauern und im Karolingischen Reich wieder auferstehen konnte. Als wichtiges Bindeglied machte sie die Langobarden aus.

Spricht man mit Armando Pederzoli vom „Assesorato al Turismo", dann ist eigentlich alles klar. Der quirlige Brescianer kann viele Gründe dafür aufzählen, dass es die Langobarden – jenes barbarische, aus dem nördlichen Mitteleuropa stammende Germanenvolk – waren, die diesen sensationellen Akt der Kulturübermittlung leisteten. Um 569 kamen die seminomadischen Krieger in Norditalien an und starteten hier eine Art Relaunch ihrer Traditionen. Angezogen vom verfeinerten Lebensstil, der Architektur, der Literatur der Spätantike, und beeindruckt vom Prunk, den Byzanz entfaltete, legten sie die Keimzelle für eine Kultur, die ihrer nun sesshaften Lebensweise entsprach. Als Mittelpunkt des Königreiches wählten sie Pavia; über Brescia, Cividale und andere Städte herrschten Herzöge.

KULTURELLE VERSCHMELZUNG

Im Jahr 643 ließ König Rothari einen Gesetzeskodex schriftlich niederlegen, der das mündlich überlieferte Gewohnheitsrecht der Langobarden mit römischem Rechtsverständnis in Übereinstimmung brachte – ein grandioses Zeugnis kultureller Verschmelzung. Zu guter Letzt konvertierte schließlich die Adelsschicht, Anhänger der arianischen Glaubensrichtung, zum römischen Christentum. San Salvatore in Brescia war eine ihrer ersten Klostergründungen.

ZWISCHEN ROM UND BYZANZ

Womit wir wieder bei Signore Pederzoli wären, der uns vom Klosterhof aus einen ersten Blick auf das 735 errichtete langobardische Gotteshaus werfen lässt. Im 8. Jahrhundert war das Langobardenreich mit wechselnden Loyalitäten in diverse Zwistigkeiten zwischen Rom und Byzanz verwickelt. Nördlich der Alpen wuchsen die Karolinger unter Karl dem Großen zu einer Bedrohung heran. Desiderius, der letzte Langobardenkönig, versuchte es im Guten und schickte seine Tochter als Gattin zum Karolinger. Mit ihr kamen Wissenschaftler, Dichter und Rechtsgelehrte an den Hof Karls des Großen, der zwar den Kulturtransfer akzeptierte, nicht aber den Verzicht auf Italien. Im Jahr 774 eroberte er Pavia und ließ sich vom Papst zum König der Franken und Langobarden krönen. Das, so Signore Pederzoli, war das Ende der langobardischen Königsdynastie, deren einstige Machtzentren in Italien heute zum Welterbe der UNESCO zählen. Die Kultur aber lebte im Frankenreich weiter und befruchtete es mit all jenen Elementen, die das einstige Nomaden- und Kriegervolk aus der Spätantike hinübergerettet hatte ins Mittelalter.

Zu den Meisterwerken der im Museo di Santa Giulia präsentierten Sammlung zählen die „Geflügelte Victoria", eine 191 Zentimeter hohe Bronzestatue aus dem zweiten Viertel des 1. Jahrhunderts, und das edelsteingeschmückte „Desiderius"-Kreuz (9. Jh.). Letzteres steht unter dem mit Sternen dekorierten Kreuzgewölbe der mittelalterlichen Kirche Santa Maria in Solario (linke Seite).

Auch diese römische Skulptur ist in der Sammlung des Museums in Brescia zu sehen.

Museo di Santa Giulia (Brescia)

Via Musei 81/b, www.bresciamusei.com,
Di.–So., Sommer 10.00–19.00, Winter bis 18.00 Uhr;
letzter Einlass jeweils eine Dreiviertelstunde früher;
individuelle Touren: Tel. 030 29 77 833.

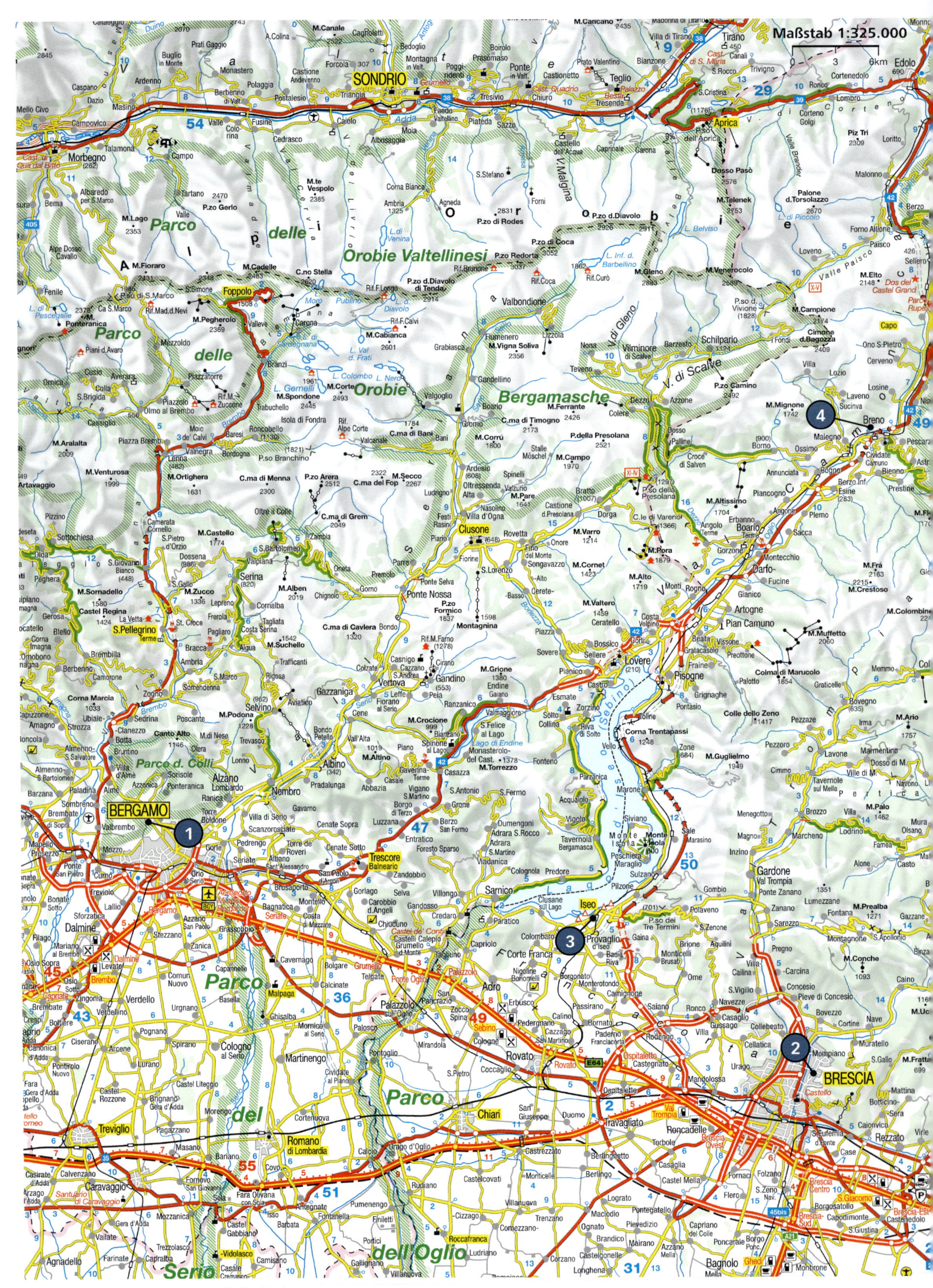

Maßstab 1:325.000
0
3
6km
SONDRIO
Tirano
Edolo
Aprica
Morbegno
Parco delle Orobie Valtellinesi
Parco delle Orobie Bergamasche
Foppolo
Clusone
Lovere
Pisogne
Breno
Darfo-Boario Terme
S.Pellegrino Terme
Parco d. Colli
BERGAMO
Trescore Balneario
Sarnico
Iseo
Provaglio d'Iseo
BRESCIA
Chiari
Treviglio
Romano di Lombardia
Parco del Serio
Parco dell'Oglio
Lago d'Iseo
Monte Isola
Corte Franca
Rovato
Palazzolo sull'Oglio
Dalmine
Caravaggio
Albino
Gandino
Zogno
Vidolasco
Roccafranca
Ghedi
1
2
3
4

HANDEL UND WANDEL

Die alten Handelsknotenpunkte Bergamo und Brescia bilden bis heute wichtige Wirtschaftsverbände am Übergang der südlichen Alpen zur Poebene. Eine malerische Landschaft prägt die Umgebung des Iseosees, ein prähistorisches Felsenbilderbuch erwartet Besucher des Val Camonica.

Fontana del Contarini auf der Piazza Vecchia, dem weltlichen Zentrum Bergamos; von hier sind es nur ein paar Schritte bis zum Domplatz, dem religiösen Zentrum und ältesten Kern der Stadt.

1 Bergamo

Über Bergamos (120 000 Ew.) weitgehend moderner Unterstadt thront die durch Mauern und Bastionen gesicherte Città Alta wie ein Adlernest. Unten herrscht geschäftiges Treiben, während oben Kirchen, Palazzi und Piazze von der Historie der Stadt erzählen. So befriedigt Bergamo das Bedürfnis nach Kunst und Architektur wie das nach dem entspannten Alltag einer italienischen Metropole. Eine Standseilbahn verbindet die beiden Pole.

SEHENSWERT/MUSEUM

Die im 15. Jh. angelegte **Piazza Vecchia** **TOP-ZIEL** ist ein steinernes Symbol der Dominanz Venedigs. Dessen Markuslöwe ziert den Mitte des 16. Jh.s erbauten **Palazzo della Ragione** mit zierlicher Loggia. Die überdachte Treppe stammt noch vom im 15. Jh. errichteten Vorgängerbau. In den Räumen finden Wechselausstellungen statt (geöffnet nur zu Ausstellungen Di.–Fr. 11.00 –18.00, Sa., So. bis 20 Uhr). Vom 54 m hohen **Campanone**, dem im 17. Jh. erweiterten Stadtturm eines romanischen Vorgängers, eröffnet sich ein faszinierendes Altstadtpanorama, das Sie bequem mit dem Aufzug oder sportlich über 230 Stufen erreichen (Di.–Fr. 10.00–18.00, Sa., So. bis 19.00 Uhr). Jeden Abend um 22.00 Uhr schlagen seine Glocken hundert Mal. Eine harmonisch proportionierte Renaissancefassade schmückt die **Biblioteca Civica**, die seit dem 18. Jh. als Bibliothek fungiert. Den Kreis der Kunststile an der Piazza Vecchia schließt ein barocker, von Löwen und Schlangenskulpturen eingerahmter Brunnen.

Zwei Gotteshäuser beherrschen die angrenzende **Piazza del Duomo**: der im Kern romanische **Dom**, der barock umgebaut erst Ende des 19. Jh.s seine heutige Fassade erhielt, und die Kirche **Santa Maria Maggiore**. An ihrer dem Platz zugewandten Nordseite begeistert sie mit einem kunstvollen gotischen Portal. Im Inneren präsentiert auch sie sich in barocker Ausgestaltung. Bemerkenswert ist das Chorgestühl von Lorenzo Lotto, in dessen Lehnen kostbare Intarsienarbeiten zu Szenen aus dem Alten Testament verborgen sind (Sommer Mo. bis Sa. 9.00–12.30, 14.30–18.00, So. 9.00–13.00, 15.00–18.00, Winter bis 17.00 Uhr). An die Kirche schließt die **Cappella Colleoni** mit mehrfarbiger Renaissancefassade an. Giovanni Battista Tiepolo schmückte 1743 das Innere mit Fresken über Johannes den Täufer (Di.–So. Nov. bis Feb. 9.30–12.30, 14.00–16.30, März–Okt. 9.30 bis 12.30, 14.00–18.00 Uhr). Neben der Kapelle erhebt sich das zierliche Achteck des 1340 errichteten Baptisteriums. Nicht nur das **Museo Donizettiano** des in Bergamo geborenen und verstorbenen Komponisten Gaetano Donizetti (1797–1848) verdient einen Besuch; die gesamte, von schönen Palazzi gesäumte Via Arena lädt zum Bummeln ein. Im Museum sind persönliche Gegenstände und Einrichtung aus dem Haushalt Donizettis zu sehen (Via Arena, 9, Di.–So. 10.00–17.00 Uhr). In der um 1350 von dem Mailänder Visconti erbauten **Citadella** residierten nacheinander alle Herrscher, denen Bergamo untertan war. Heute beherbergt die Festung mehrere Museen, darunter das sehenswerte **Museo Archeologico** mit Funden aus prähistorischer bis langobardischer Zeit (www.museoarcheologicobergamo.it, Di.–Fr. 9.00 bis 13.00, 14.00–17.00, Sa, So 9.30–17.30 Uhr). Die **Città Bassa** mit Bauten vom 17. Jh. bis heute erstreckt sich zwischen Largo Porta Nuova und dem Hügel der Citta Altà. Unweit der Puorta Nuova lädt die **Via Sentierone** zum Flanieren ein. Die Kirche **San Bartolomeo** schmückt ein Tafelbild des aus der Città Alta bekannten Lorenzo Lotto. Hauptattraktion der Unterstadt ist die renommierte **Pinacoteca** der **Accademia Carrara** mit einer exquisiten Sammlung von Tizian bis Tiepolo (Piazza Carrara 82a, www.lacarrara.it, Mo., Mi.–Fr. 9.00 bis 17.30, Sa., So. 9.30–18.30, Di. 9.00 bis 13.00 Uhr).

Tipp

Tausend Meilen

Wenige Rennen sind so legendär wie die **Mille Miglia,** die 1927 bis 1957 und dann wieder ab 1977 die Gemüter von Sportwagenenthusiasten und Oldtimerfans bewegte und bewegt. Das Spektakel über 1000 Meilen (1600 km) startet jeweils im Mai in Brescia. Sollten Sie es verpasst haben, tröstet Sie ein Besuch im **Museo Mille Miglia.** Hier sind die schönsten Vertreter der teilnehmenden Oldtimer im romanischen Kloster S. Eufemia ausgestellt.

MUSEO MILLE MIGLIA
Viale della Bornata 123, tgl. 10.00 bis 18.00 Uhr, www.museomillemiglia.it

RESTAURANT
Das Altstadt-Restaurant **€€€ Al Donizetti** bietet eine große Auswahl an Bergamesker Spezialitäten wie Käse, Schinken, Wein sowie charakteristische Gerichte aus der Region (Via Gombito 17, Tel. 035 24 26 61, auf Facebook).
€€€ La Dispensa di Arlecchino ist der Name eines kleinen, quirligen Lokals mit umfangreicher Speisekarte aus allen Regionen Italiens (Via Gombito 9, Tel. 035 4 28 49 92).
Die **€ Pasticceria Cavour** bietet Nostalgie pur in einer historischen Konditorei mit köstlichen Eissorten (Via Gombito 7, Tel. 035 24 34 18).

UNTERKUNFT
Das **€€€€ Hotel Petronilla** ist ein wundervolles Boutiquehotel mit modern eingerichteten Zimmern. Ein kleiner, eleganter Spa-Bereich und das herrliche Frühstücksbüffet komplettieren das Angebot (Via San Lazzaro 4, Tel. 035 27 13 76, www.petronillahotel.com).

UMGEBUNG
Den Besuch der knapp 20 km südwestlich von Bergamo gelegenen, als UNESCO-Weltkulturerbe ausgezeichneten Arbeitersiedlung **Crespi d'Adda** (s. „Special", S. 81) sollten Sie idealerweise mit einem Führer unternehmen. Denn nur dann erschließt sich Ihnen die Bedeutung dieses sozialen Projektes (https://villaggio crespi.it).

Tipp

Perlende Tropfen

In der Hügellandschaft südlich des Iseosees gedeiht ein besonderer Wein: Die **Franciacorta** ist Italiens wichtigstes Produktionsgebiet für Spumante, der nach klassischem Flaschengärungsverfahren hergestellt wird. Eine 80 km lange Weinstraße führt zu Winzern, aber auch zu malerisch gelegenen Klöstern wie dem romanischen Kluniazenserkonvent San Pietro in Lamosa.

INFORMATION
Weg- und Winzerbeschreibungen liegen bei den Tourismusbüros in Brescia und Iseo aus und sind auf www.franciacorta.net einzusehen.

Mehr als 500 000 Bücher und Handschriften hütet Brescias Biblioteca Querinina, die unmittelbar hinter dem Duomo Nuovo in der Via Mazzini zu finden ist (hier der spätbarocke Hauptlesesaal).

INFORMATION
Infopoint Bergamo Basso, Piazzale Guglielmo Marconi, Tel. 035 21 02 04, www.visitbergamo.net

2 Brescia

Von der enormen ökonomischen Bedeutung der an der Adda gelegenen Provinzhauptstadt (197 000 Ew.) merkt man im Stadtbild selbst nur wenig – die meisten Industriebetriebe sind an der Peripherie angesiedelt. Neben vielen kulturhistorischen Sehenswürdigkeiten gibt es in Brescia von Arkaden gesäumte Einkaufsstraßen wie die Via delle X Giornate, die das Shopping auch bei Regen zum Vergnügen machen.

SEHENSWERT/MUSEUM
An der rechteckigen **Piazza Paolo VI.** sind kirchliche und weltliche Macht vereint: Das Rathaus **Broletto** zeigt architektonische Elemente vom 12. bis zum 18. Jh., der **Duomo Nuovo** daneben präsentiert sich mit reich gegliederter, barocker bis klassizistischer Fassade und einer der höchsten Kuppeln Italiens. Im Vergleich dazu wirkt der **Duomo Vecchio** mit seiner Ziegelsteinfassade ganz unscheinbar: Das im 12. Jh. errichtete Gotteshaus besteht aus zwei ineinander gesetzten Zylindern. Im Inneren steigt man über Treppen zum Niveau des Vorgängerbaus hinab, einer frühchristlichen Basilika, von der unter Glas noch Mosaikfragmente erhalten sind. Ein kostbarer Kirchenschatz, der **Tesoro delle Sante Croci** mit zwei Reliquienkreuzen (14./15. Jh.) wird in einer Seitenkapelle aufbewahrt und ist nur zweimal im Jahr zu sehen: am letzten Freitag der Fastenzeit und am 14. September.
Ab dem 15. Jh. brachte Venedigs Herrschaft Brescia wirtschaftlichen Aufschwung. Davon zeugen die repräsentativen Bauten an der **Piazza della Loggia** – allen voran die ab 1492 errichtete **Loggia** selbst, die allerdings durch das 1914 aufgesetzte wuchtige Dach (das ursprüngliche zerstörte ein Brand) nicht unbedingt gewonnen hat. Beteiligt war neben dem venezianischen Architekten Jacopo Sansovino auch Andrea Palladio. Die Südseite der Piazza begrenzen die Bauten des **Monte di Pietà**, des ehemaligen Pfandhauses (15. Jh.), und dessen moderneres Pendant **Monte Nuovo**. Den zweibogigen Renaissancebau dazwischen krönt eine Reihe zierlicher Fenster. Der Loggia gegenüber erhebt sich über drei Bögen die im 16. Jh. errichtete **Torre dell'Orologio** (Uhrturm), den zwei eine Glocke schlagende Figuren krönen. Die Brescianer nennen sie „i Macc dèle úre", die Verrückten der Stunden. Der monumentalen **Piazza della Victoria** musste in den 1920er- und 1930er-Jahren das mittelalterliche Marktviertel weichen. Das römische **Capitolium**, UNESCO-Welterbe, ist weitgehend unter den Bebauungen späterer Jahrhunderte verborgen. Ausgegraben und teilrekonstruiert wurden der Kapitolinische Tempel (1. Jh.) mit einigen erhaltenen Mosaiken und korinthischem Portikus und das daran angrenzende Theater (Via Musei 57, Sommer Di. bis Fr. 10.00–18.00, Sa., So. 10–19.00, Winter Di.–Fr. 9.00–17.00, Sa., So. 10.00–18.00 Uhr). Einen faszinierenden Querschnitt der Siedlungsgeschichte bis vor 3000 Jahren zeigen die Ausgrabungen unter dem Palazzo Martinengo gegenüber (Via Musei 30, Di.–So., Winter 10.00–18.00, Sommer bis 19.00 Uhr). Auch das **Museo di Santa Giulia** ein paar Häuser weiter führt tief zurück in die historischen Schichten Brescias: Das benediktinische Nonnenkloster **San-Salvatore-Santa-Giulia** TOPZIEL gründete der letzte Langobardenkönig Desiderius 753 auf den Fundamenten einer römischen Villa (siehe „Zur Sache", S. 84).

RESTAURANT & UNTERKUNFT
Ein temperamentvoller Chef, eine fantastische, bodenständige Küche, viel Trubel und ein höchst gemischtes Publikum – kurzum: Ein Besuch der **€€/€€€ Osteria al Bianchi** ist ein Erlebnis (Via Gasparo da Salò 32, Tel. 030 29 23 28, www.osteriaalbianchi.net)! Lombardische Spezialitäten wie gefüllte Wachteln oder Kaninchen, aber auch italienische Standards wie Pizza und Pasta stehen auf der Karte des **€€€ La Grotta** (Vicolo del Prezzemolo 10, Tel. 030 4 40 68, www.anticaosterialagrotta.it). Das **€€€ Albergo Orologio**, ein Schmuckstück im Herzen der Altstadt, überzeugt mit seinen wenigen, romantisch eingerichteten Zimmern, einem lauschigen Innenhof fürs Frühstück und sehr aufmerksamem Personal (Via C. Beccaria 17, Tel. 030 3 75 54 11, www.albergoorologio.it).

INFORMATION
Infopoint City Center, Via Trieste 1, Tel. 030 3 06 12 00, www.bresciatourism.it

3 Lago d'Iseo

Der 25 km lange und nur bis zu 3 km breite See ist von hohen Bergriegeln umschlossen. Charakteristisch sind seine steil abfallenden Ufer, die kaum Bademöglichkeiten bieten, aber für ein sehr malerisches Landschaftsbild sorgen. Pittoresk wirkt auch die 400 m hohe Monte Isola.

SEHENSWERT
Der Hauptort **Iseo** am Südufer hat sich im Zentrum rund um die arkadengesäumte Piazza Garibaldi ein hübsches Ortsbild bewahrt. Von der **Piazza Gabriele Rosa** kann man den ein- und auslaufenden Ausflugsbooten zusehen sowie einen ersten Blick auf die eigentliche Attraktion, die **Monte Isola**, werfen. Zu dieser verkehren Fähren von Iseo wie vom 5 km entfernten **Solzano**. Die Häuser von **Peschiera Maraglio** staffeln sich am steilen Hang des Inselberges. Wer gerne wandert, kann die anderen Ortschaften zu Fuß erkunden.

RESTAURANT
In der seit 1948 existierenden **€€€ Locanda al Lago** serviert die Familie Soardi frische Köstlichkeiten aus dem See (Località Carzano 38, Monte Isola, Tel. 030 9 88 64 72, auf Facebook).

INFORMATION
I.A.T. Lago d'Iseo e Franciacorta,
Lungolago Marconi 2c, Iseo,
Tel. 030 98 02 09, www.visitlakeiseo.info

4 Val Camonica

Das rund 80 km lange Tal greift vom Nordende des Iseosees weit entlang der Bergamasker Voralpen nach Nordosten. Zeugnisse seiner Besiedlung in prähistorischer Zeit sind über 300 000 Felsbilder, die vor allem rund um **Capo di Ponte** entdeckt wurden. Zahlreiche Wanderwege und Klettersteige erschließen die teils schroffen, das Tal einrahmenden Berge wie die 2549 m hohe Concarena oder den Felskegel des Pizzo Badile Camuno (2435 m). In der Gemeinde Ponte di Legno befindet sich ein gut ausgebautes Skigebiet.

SEHENSWERT
Die 104 Fundstellen von Felsbildern des **Parco Nazionale delle Incisioni Rupestri** TOPZIEL bei Naquane/Capo di Ponte sind UNESCO-Weltkulturerbe. Das Volk der Camuni, das als Urheber der Gravuren gilt, besiedelte das Tal seit der mittleren Steinzeit und hinterließ an den Felsen eine Vielzahl von Symbolen. In großer Zahl kommt Jagdwild vor, bevorzugt Hirsche. Ebenso häufig sind Abbildungen bewaffneter Reiter. In manchen Motiven meint man vielleicht einen Schamanen beim rituellen Tanz zu erkennen, viele Darstellungen sind jedoch heute kaum zu interpretieren. Auf fünf bequemen Routen werden Besucher zu den schönsten Felsen geführt, an denen Hinweistafeln das Gesehene erläutern. Für die komplette Besichtigung sind etwa vier Stunden vorgesehen (Mi. bis Mo., Sommer 9.00–17.30, Winter Mo., Mi. bis Fr. 10.00–14.00, Sa., So. 9.00–16.00 Uhr, www.arterupestre.it). Viele weitere, frei zugängliche Fundstellen weisen teils auch zeitgenössische Gravuren auf.

INFORMATION
Pro Loco, Via Sebastiano Briscioli,
Capo di Ponte,
www.proloco.capo-di-ponte.bs.it

PER RAD IN DIE HISTORIE

Hübsche Dörfer, majestätische Berglandschaften und ein rauschendes Flüsschen begleiten Radfahrer auf dieser Tour vom Iseosee durch das Val Camonica zum Nationalpark von Naquane mit seiner Fülle prähistorischer Felsbilder. Wegen der zumeist gemächlichen Anstiege eignet sich diese Tour auch für Freizeit- und Genussradler. Am besten nehmen Sie sich Zeit für Pausen an schönen Aussichtspunkten und für die Einkehr in einem Dorfcafé oder einem rustikalen Restaurant. Und planen Sie am besten auch eine Übernachtung am Ziel ein, bevor es am nächsten Tag auf der gleichen Route oder per Bahn zurück zum Ausgangspunkt geht.

Die Felszeichnungen im Val Camonica beflügeln die Fantasie.

Diesen markiert Pisogne (187 m) am Iseosee. Der Einstieg zum Radweg befindet sich bei der Renaissancekirche Madonna della Neve mit kostbaren Fresken des aus Brescia stammenden Malers Romanino. Von dort folgt die Routenführung dem Oglio, mal am rechten, dann am linken Ufer bis Darfo Boario Terme (11 km, 220 m). Hier schwingt sich eine einbogige Steinbrücke aus dem 18. Jahrhundert über den Fluss – ihre Fundamente stammen noch aus der Römerzeit. In Cividate Camuno (22 km, 275 m) wurden Fundamente eines römisches Theaters und eines Amphitheaters ausgegraben. Hier ist Zeit für die Mittagsrast, bevor die Tour über Breno (25 km, 343 m) und einen Anstieg nach Cerveno (30 km, 500 m) wieder an den Oglio hinunterführt und in Capo di Ponte (36 km, 362 m) im Parco Nazionale delle Inzisioni Rupestri endet.

Was? Wo? Wie? Die Route (einfache Strecke) ist rund 36 km lang, deutlich ausgeschildert und überwindet etwas über 300 Höhenmeter.

Das Val Camonica wird von der Bahngesellschaft **Trenord** bedient. Fahrpläne und Preise finden sich unter www.trenord.it, eine Fahrradmitnahme ist möglich.

Eine preiswerte Übernachtungsmöglichkeit im Zielort in Capo di Ponte bietet beispielsweise das freundliche **€€ B&B Le Aquane** (Via Mossino 1, Ono San Pietro, Tel. 0364 43 30 38, www.leaquane.it).

Gardasee und Verona

*

TRAUMGÄRTEN, EXZENTRIKER, LIEBESSCHWÜRE

*

Wind putzt die Nebelfetzen vom Gardasee. Die Uferpromenaden von Riva und Torbole wirken nach der Regennacht wie frisch getüncht. Weiter nach Süden fließt die Sonne über die Flanken des Monte Baldo und lässt den See glitzern. Ein friedlicher Gardasee-Morgen, doch schon bald weicht die Ruhe der Action.

Auf einer Wanderung von Riva nach Pregasina zeigt sich der Gardasee von einer seiner schönsten Seiten.

Am alten Hafen in Limone, am Westufer des Gardasees, ist in den Sommermonaten oft kaum noch ein Plätzchen frei.

Zwischen Limone (hier ein Blick über die Dächer der Stadt) und Malcesine auf der gegenüberliegenden Seite des Gardasees verkehren Boote und Fähren.

Auf einem Felsen hoch über Arco thront eine mittelalterliche Burgruine.

Eine Wanderung in Richtung Ledrosee, einem 20 Kilometer nordwestlich des Gardasees auf 655 Metern Höhe gelegenen Bergsee, führt durch Weinberge.

VORMITTAGS BLÄST VOM NORDEN DER PELÉR, DER »KÖNIG DER GARDASEE-WINDE«, NACHMITTAGS DIE ORA VOM SÜDEN. MAN KÖNNTE SEINE UHR DANACH STELLEN!

Im Städtchen Arco öffnen gerade die Outdoorläden. In allen Farben des Regenbogens leuchten Funktionskleidung, Kletterschuhe und Fahrradhelme aus den Schaufenstern, während an den Felsen dahinter Freeclimber wie bunte Spinnen in ihren Sicherungen hängen. Ganze Schwärme von Mountainbikern lavieren, als wären sie durch ein unsichtbares Band miteinander verbunden, durch den italienischen Berufsverkehr auf den Ausgangspunkt zu, der sie zum ultimativen Trail bringen wird. An Torboles Seepromenade legen unterdessen die ersten Windsurfer ihre Bretter aufs Wasser und warten auf den richtigen Wind. Man meint, das im Übermaß produzierte Adrenalin am sportlichen Nordende des Gardasees förmlich riechen zu können.

GEFÄHRLICHER EXZENTRIKER UND SANFTER INDIVIDUALIST

Weiter in Richtung Südwesten, in Gardone Riviera, liegt dagegen der Geruch von Mottenkugeln und Abgestandenem in der Luft. Nicht im Ort selbst natürlich, sondern im Vittoriale degli Italiani, der als Ehrentempel unterhaltenen Villa eines der berühmtesten – und umstrittensten – Dichter Italiens, Gabriele d'Annunzio (1863–1938). Bis in den letzten Winkel ist der Palast vollgestopft mit Büchern, Porzellan, Cremedöschen, Nippes, Fotografien. Die Räume sind ausgelegt mit Teppichen, tapeziert mit Stoffen, die Fenster verhängt mit schweren Gardinen – d'Annunzio mied das Tageslicht. All diese Erinnerungsstücke, die erdrückende Einrichtung, die Inszenierung des Dichters als Genie entwerfen das Bild einer bizarren, ambivalenten Persönlichkeit, deren Gedanken die italienischen Faschisten inspirierten und Mussolini dazu veranlassten, d'Annunzios luxuriösen Lebensstil am Gardasee zu finanzieren.

Ein „Monster" nennt das österreichische Multi-Kunst- und Selbstvermarktungstalent André Heller den Dichter, dessen Vittoriale nur einen Steinwurf von jenem Ort entfernt ist, an dem er selbst einen Wohnsitz in einer venezianischen Villa hatte. Diese steht in einem Botanischen Garten, der viele Jahre lang verwahrlost war, bis Heller im Jahr 1988 begann, ihm neues Leben einzuhauchen: „Wenn ich von einem der Balkone auf die Herrlichkeit des Gardasees oder in eines meiner Bambuswäldchen schaue, fällt es mir immer noch schwer zu glauben, dass dieser Park mich als Hüter und Verbündeten wollte, und ich danke es ihm, so gut ich kann, mit Liebe."

Ob es ihn gestört hat, in unmittelbarer Nähe von d'Annunzios Anwesen zu arbeiten? Wahrscheinlich verstand er sein Werk auch als ein Gegen-Statement, denn

Das Grandhotel Gardone in Gardone Riviera wurde im Jahr 1884 als erstes Hotel am See erbaut und verkörpert bis heute Eleganz und Stil dieser Zeit.

»ETWAS VERWUNSCHENES BEHERRSCHT DEN ORT, EINE LANGSAMKEIT UND TRÄGHEIT, ALS WÄRE DIE ZEIT NICHT ZUSTÄNDIG FÜR DIESES ERSTE WIRKLICHE STÜCK SÜDEN …«

André Heller

Der öffentlich zugängliche Giardino Botanico in Gardone Riviera ist „eine Florasammlung von Weltgegenden …“ (Heller)

Oben: D'Annunzios Vittoriale degli Italiani.
Unten: Gastfreundschaft all'italiana.

Oben: Die neoklassizistische Villa Alba mitten im Zentrum von Gardone Riviera dient heute als Kongresszentrum. Unten: am Hafen von Gargnano.

das ist der Giardino Botanico in jedem Fall geworden: mit Orchideendschungel und Baumfarnen, Koi-Teichen, Buddhastatuen und modernen Skulpturen von Keith Haring bis Roy Lichtenstein. Eine Oase der Harmonie, ein Sehnsuchtsort – ein echter Heller eben.

Immerhin muss man auch der „Nachbarimmobilie" zugestehen, dass sie eine der idyllischsten Lagen am ganzen Gardasee aufzubieten hat. Und wer im Sommer eines der Konzerte im Anfiteatro del Vittoriale besucht, bei denen sich regelmäßig auch internationale Jazzgrößen wie Pat Metheny ein Stelldichein geben, der wird diesen Ort vor allem als eines erleben: unvergesslich schön.

HIGH NOON AM GARDASEE

Beide Gärten, der von Gabriele d'Annunzio wie der von André Heller, liegen oberhalb von Gardones eleganter Uferpromenade und erlauben einen unverstellten Blick auf das Ostufer mit dem wuchtigen Bergklotz des Monte Baldo. Ferienorte klettern an seinen Hängen hinauf, Malcesine, Brenzone, Torri del Benaco. Südlich des Monte Baldo weitet sich der See und greift nach allen Seiten weit in die Poebene mit ihren Einkaufszentren und Industriebetrieben hinaus. Und mit ihren Vergnügungsparks: Ob Jumanji-Labyrinth, Legoland-Waterworld, Black-Hole-Achterbahn oder Reitarena – der Unterhaltung sind in Gardaland & Co. keine Grenzen gesetzt. Aber auch inmitten dieser eher unattraktiven, zersiedelten Landschaft glitzern Solitäre auf: Das bezaubernde Bardolino beispielsweise, von dem aus Weinstraßen zu Kellereien und feinen Winzern führen. Auch Valeggio sul Mincio wäre zu nennen, wo angeblich die Tortellini erfunden wurden und mit dem Parco Sigurtà eine weitere faszinierende Parkanlage zu schönen Spaziergängen einlädt. Und nicht zuletzt die schmale Halbinsel Sirmione, die wie ein Ausrufezeichen weit in den See hineinreicht, bewacht von einer wehrhaften Burg, mit der das Veroneser Geschlecht der Skaliger im 13. Jahrhundert seinen Einflussbereich absteckte.

Salò (oben links der Torre dell'Orologio am Anfang der Fußgängerzone, rechts daneben die Uferpromenade, darunter eine der Altstadtgassen) ist die größte Stadt am Westufer des Gardasees. In den Restaurants von Sirmione (unten links), einer zwischen dem Golf von Desenzano und Peschiera vier Kilometer weit in den See hineinragenden Halbinsel, sind hungrige Gäste stets willkommen.

Das Wahrzeichen von Sirmione am südlichen Ende des Gardasees ist die um das Jahr 1300 entstandene mächtige Burg der Familie della Scala.

O FREUET EUCH, IHR FLINKEN WELLEN ...

Hier am südlichen Ende des Gardasees richteten sich einst viele Römer ihre Landgüter ein. Die Region war und ist fruchtbar; Getreide, Reis, Obst und Wein gedeihen fast von selbst. Auch Gaius Valerius Catullus, der im 1. Jahrhundert v. Chr. in Verona lebte und dichtete, kam gelegentlich hierher, genauer gesagt nach Sirmione, wo er in einer luxuriösen Villa abstieg und die Heilkraft der Thermen genoss. „O liebes Sirmio, Glück auf, freue dich des Herrn! O freuet euch, ihr flinken Wellen auf dem See!" – so besang der Dichter seinen Sommersitz, der jedoch nicht identisch ist mit den Ruinen einer alten römischen Villa, die heute als „Grotten des Catull" bezeichnet werden. Catull war dort allenfalls mal zu Besuch – wo genau er damals wohnte, ist nicht bekannt. Aber die Thermalquelle von damals sprudelt, gesättigt mit Schwefel, Brom und Jod, noch heute und wird von ihrem Ursprung am Grund des Gardasees in die moderne Kurklinik vor den Toren des historischen Sirmione geleitet.

KÖSTLICHE WEINE AUS DEM HINTERLAND

Catull besang nicht nur Sirmione, sondern auch die köstlichen Weißweine, die im Hinterland von Sirmione und Desenzano gediehen. „Lucanus", der Name der Region, ging auf den Wein über. Als „Lugana" errang er 1967 als eines der ersten italienischen Anbaugebiete DOC-Status; seit Beginn des 21. Jahrhunderts legte er eine beachtlich steile Karriere als Lifestylewein hin. Weiter nach Norden schließen sich die Anbauflächen des Valtenesi DOC an, wo der rote, würzige Gropello heranreift. Der Gropello-Rosé Chiaretto machte eine ähnliche Entwicklung wie der Lugana: Er ist ziemlich angesagt. Übrigens bauen ihn nicht nur die Winzer westlich des Gardasees aus. Auch im Bereich des Bardolino DOC östlich des Gardasees werden Chiaretto-Weine gekeltert.

Die meisten Weingüter am (und rund um den) Gardasee haben mit dem romantischen Bild eines alten Gutshofes samt urigem Fasskeller nicht mehr viel gemein. Eher schon handelt es sich um moderne Produktionsstätten mit Edelstahltanks und elaborierten Marketingstrategien.

Familie Zeni in Bardolino beispielsweise hat ein spannendes und sehenswertes Weinmuseum in ihre seit dem Jahr 1870 bestehende Cantina integriert. Der Rundgang vorbei an Arbeitsgerät, historischen Traubenmühlen, Tragekörben und Weinfässern erläutert die einzelnen Arbeitsschritte, die zu einem guten Wein führen. Den Abschluss des Museums bildet ein Weinshop: Keine Frage, dass die Besucher hier auch gerne zugreifen. Andere Cantine vermarkten ihre Tropfen bei Weinproben, auf Weinfesten, ja sogar auf Messen im Ausland. Die Konkurrenz ist hart. Begnügte man sich früher mit mittelmäßiger Qualität und Tafelwein, so sind heute fein ausgebaute Tropfen und internationale oder zumindest nationale Preise das beste Verkaufsargument.

Landschaftlich schön angelegte Weinstraßen verbinden all diese Cantine miteinander. Besucher, die hier und da einkehren und die Weine verkosten möchten, sollten schon vorab festlegen (oder losen), wer als Fahrer abstinent bleibt.

WIE EIN AUSRUFEZEICHEN RAGT SIRMIONE WEIT IN DEN SEE HINEIN.

IM NAMEN DES HUNDES

Welche Weine das Herrschergeschlecht der Skaliger bevorzugte, ist nicht überlie-

Was in den Weinbergen von Bardolino (unten links und oben rechts) gedeiht, reift in den Barriquefässern etwa des Weinguts Zeni (unten rechts) zu wohlmundenden Tropfen heran. Der hübsche Ferienort selbst (oben links) liegt am Ostufer des Sees zwischen Lazise und Garda und ist das Zentrum des gleichnamigen Weinbaugebietes.

fert. Ihre Namen bezeugen allerdings eine seltsame Affinität zu Hunden. Die Herren nannten sich *Cangrande, Mastino* oder *Cansignorio* – Großer Hund, Dogge oder Leithund – und verteidigten vorrangig nicht Verona gegen Fremde, sondern sich selbst gegen die Veroneser, über die sie im 13. und 14. Jahrhundert herrschten. Letzteres legt zumindest ihre mit allen Schikanen gegen die Stadt abgesicherte Burg Castelvecchio an der Etsch nahe.

Ob die Signori von den heutigen Stadtbewohnern etwas zu fürchten gehabt hätten? Wohl kaum, denn die Veroneser scheinen ausschließlich ihren Geschäften, dem Konsum und den Genüssen des Lebens zugetan. Die Via Mazzini auf und ab zu promenieren, in einem der in Verona vertretenen Läden der extravaganten Modemarken dieser Welt zu stöbern, für einen Sprizz auf der Piazza delle Erbe Halt machen, mit „bacio" links und „bacio" rechts die Freunde zu begrüßen – wo könnte da noch Zeit für Revolutionen bleiben?

WER HÄLT DIE STADTSCHLÜSSEL?

Einen großen wirtschaftlichen Sprung machte Verona in der knapp zehnjährigen Ära seines Bürgermeisters Flavio Tosi, der 2007 als Lega-Nord-Politiker ins Amt kam und sich schließlich nach politischen Streitigkeiten als Parteiloser den Respekt seiner Veroneser erarbeitete: Sein rigoroses Vorgehen gegen Korruption und Amtsschimmel brachte Bewegung in die verkrusteten, städtischen Strukturen; mit ähnlich rigorosen Maßnahmen gegenüber Immigranten, Obdachlosen und anderen Bevölkerungsgruppen, derer sich Rechtspopulisten gerne annehmen, brachte er zugleich das liberale Verona in Verruf. 2012 triumphal wiedergewählt, träumte Tosi von der Überdachung der Arena und ähnlichen Prestigeprojekten, stürzte aber schließlich in der Wählergunst ab. Im Jahr 2017 löste ihn der Mitte-Rechts-Politiker Federico Sboarina ab, und seit 2022 regiert der ehemalige Fußballer und mitte-links orientierte Damiano Tommasi.

Oben: ein Aperitif am neuen Hafen von Malcesine. Unten: Holt der Koch vom Hotel Lido Blu in Torbole den kapitalen Fang etwa eigenhändig aus dem See?

Alter Hafen in Torri del Benaco, direkt an der Gardesana Orientale am Ostufer des Sees.

Malcesine: Die zinnenbewehrte Skaligerburg aus dem 13./14. Jahrhundert krönt einen steil zum See hin abfallenden Felssporn.

Der neue Bürgermeister hat nun mit ganz anderen Problemen zu kämpfen: Wie viele europäische Metropolen wird Verona von einer Touristenflut überschwemmt, die sich kaum kanalisieren lässt. Zwischen 2010 und 2019 stieg die Zahl der Besucher um 70 Prozent. Die Schlangen vor der Arena werden immer länger, gelegentlich sieht sich die Polizei sogar gezwungen, die Via Mazzini, den Zugang zur Altstadt, zu sperren, um Panik zu verhindern.

SOMMERNACHTSTRAUM IN DER ARENA

Dabei sprudeln die Einnahmen nicht immer so, wie ein Bürgermeister sich das wünscht. Die Opernfestspiele verzeichneten in manchen Jahren auch Besucherrückgänge von teilweise bis zu zehn Prozent. Mittlerweise kommen aber pro Jahr wieder rund 400 000 Besucher in die Arena. Zum hundertjährigen Jubiläum 2023 – die Festspiele waren 1913 zum hundertsten Geburtstag von Giuseppe Verdi ins Leben gerufen worden – verzeichnete man Einnahmen von über 33 Mio. Euro und 60 000 Besucher mehr als 2022. Bei den ersten zwei Vorstellungen waren alle 20 000 verfügbaren Plätze ausverkauft. Bei allen Veranstaltungen wurden Besucher aus ca. 125 verschiedenen Ländern gezählt. „Ein Jubiläumsjahr mit vielen Rekorden" jubelten die Verantwortlichen der Festspiele.
Das Erfolgsrezept der Opernfestspiele ist nicht nur die historische Kulisse eines der größten noch erhaltenen römischen Amphitheater. Auch nicht die hervorragende Akustik, die die Musik und die Stimmen der Sänger in erstaunlicher Klarheit und Differenziertheit auf alle Plätze trägt – auf die teueren ebenso wie auf die billigen Ränge. Das Geheimnis der Festspiele ist, dass sie künstlerischen Hochgenuss mit volksfestartiger Stimmung verbinden.

VORSPIEL AUF DER PIAZZA BRÀ

Das fängt schon lange vor der Vorstellung an, wenn der Auftrieb der von elegant bis nachlässig Gekleideten auf der Piazza Brà beginnt, auf der zur Erheiterung des Publikums die Kulissen für spätere Vorstellungen gelagert sind: ein kleiner Vorgeschmack auf das Kommende, das auf der monumentalen „scaena" ablaufen wird. Sogar lebende Elefanten, so

Das Dante-Denkmal auf Veronas Piazza dei Signori erinnert daran, dass die Skaliger den 1301 aus Florenz vertriebenen Poeten an ihrem Hof willkommen hießen.

Vini-Liquori Giovanni Zampieri in der Via Alberto Mario 23, unweit der Arena di Verona.

Die Basilika San Zeno Maggiore entstand in ihrer heutigen Form im 12. Jahrhundert über dem Grab des Stadtpatrons von Verona.

Vom Castel San Pietro schweift der Blick auf die Etsch und das Zentrum der nicht zuletzt dank Shakespeare weltberühmten Stadt Verona.

Casa di Giulietta

Liebesgrüße aus Verona

Tausende Grüße, Liebesschwüre, Bitten werden Jahr für Jahr an die Mauern der Casa di Giulietta gekritzelt und geklebt. Julia soll den Liebenden Glück bringen.

Allerdings müssen sie schnell sein mit dem Lesen, die Liebenden, denn die Stadtverwaltung schickt regelmäßig Reinigungstrupps aus. Viel hilft es nicht. Wegen der Unsitte, die Botschaften mittels Kaugummi anzubringen, sieht es in Julias Tordurchgang und Hof aus, als hätten die Wände Pocken.

Dabei sollte es doch eine perfekte Kulisse sein: George Cukors Film „Romeo and Juliet" mit Leslie Howard rückte Verona 1936 in den Fokus aller romantischen Seelen. An echten Julia-Kultstätten aber mangelte es. Mit dem ziemlich heruntergekommenen Haus der Cappello, einer Kaufmannsdynastie des 13. Jahrhunderts, die ja immerhin so ähnlich hieß wie Julias Familie Capuleti, war der Anfang gemacht. Nun mussten noch ein Balkon und etwas Lokalkolorit her. Als Balkon verwendete man einen Sarkophag aus dem Museumsfundus, die gotischen Fenster und das Spitzbogenportal wurden von anderen Gebäuden herbeigeschafft. Julias Grab ließ man, wie von Cukor inszeniert, in eine Art Gruft versetzen. Alles Kulisse, also.

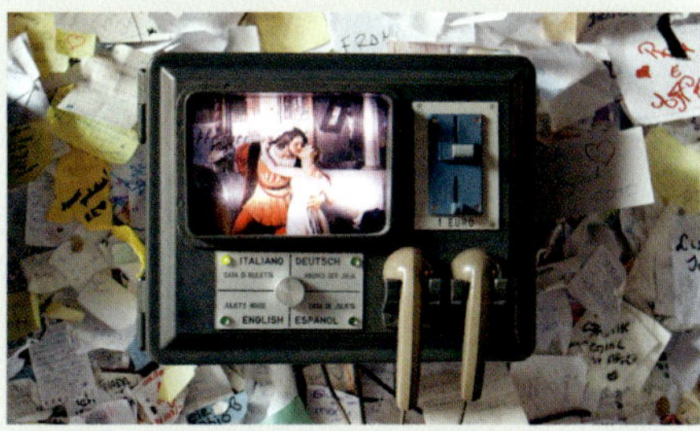

Wahre Liebe braucht Verständigung.

Mit Romeo gab's übrigens weniger Probleme, denn zwei Straßen weiter existierte ein Haus der Montecci. Für diese „echte" Casa di Romeo interessieren sich allerdings viel weniger Touristen als für die falsche der Julia.

wispert man sich beim Anstehen an den Eingängen zu, seien einmal bei der „Aida" über die 1500 Quadratmeter große Bühne getrieben worden. Verdis Ägyptenepos gilt als Muss in der Arena! Kaum eine andere Oper eignet sich so sehr für Monumentalkulissen.

WAS AM ENDE BLEIBT

Darstellerische und stimmliche Feinheiten sind dabei weniger gefragt. Wer viel Geld für die nummerierten Plätze im „Parkett" ausgibt, ist selbst schuld. Wie im alten Rom ist es das Volk auf den Rängen, für das die Spiele in Szene gesetzt werden, und dieses Volk bedankt sich mit Zwischenrufen, Seufzern, Lachsalven und vielfachem „salute" – diese Begeisterung ist das eigentliche Erlebnis in der Arena und hilft, den schmerzenden Po wie die harten Steinstufen zu vergessen. Wenn dann zuletzt die Scheinwerfer verlöschen und sich die Sänger ergriffen vor den Ovationen verbeugen, teilt sich das Opernpublikum unmerklich in zwei Gruppen: Die eine eilt schnell hinaus, um den Reisebus zu erwischen, der sie zurückbringt an den Gardasee oder gar auf die Autobahn in Richtung Heimat. Die andere Gruppe sind die beneidenswerten Veronesen: Sie feiern noch eine Weile auf den Rängen in sternenglitzernder Sommernacht.

Während die Arena sich schon langsam füllt, ist noch gut Zeit, einen Aperitif zu nehmen und den auf der Piazza Brà flanierenden Paaren und Passanten zuzusehen.

Große Chorszenen und Monumentalkulisse: Verdis „Aida“ eignet sich wie kaum eine andere Oper für eine Aufführung in der Arena di Verona.

Paare, Passanten, auch hier: in der Via Porta dei Borsari vor dem Caffè Rialto. Eine Prise Liebesglück in der Stadt von Romeo und Julia kann sicher jeder gebrauchen.

DAS ERLEBNIS IN DER ARENA FÄNGT SCHON LANGE VOR DER VORSTELLUNG BEIM AUFTRIEB AUF DER PIAZZA BRÀ AN.

Wandern am Gardasee

AUSSICHTSGIPFEL UND KULINARISCHE GENÜSSE

Der Monte Baldo ist etwas ganz Besonderes: Da der Bergrücken während der Eiszeiten unvergletschert blieb, überlebten hier zahlreiche Reliktpflanzen die lange Kälteperiode, darunter viele Endemiten. Heute markiert er das bekannteste Wandergebiet am Gardasee – aber nicht das einzige.

So sehr verwöhnt die Natur hier den Wanderer mit einer Pracht und Vielfalt, dass die meisten nicht nur einmal hierher kommen, sondern immer wieder. Das gilt auch für uns, die Autoren dieses Bildatlanten. Bei unserem ersten Studentenurlaub am Gardasee beschlossen wir, direkt von Malcesine den Monte Baldo hinaufzusteigen – ein Unterfangen, dem jeglicher landschaftliche Reiz fehlte und das wir deshalb schon bald enttäuscht abbrachen. Doch trotz dieser unrühmlichen ersten Begegnung mit dem markanten Bergmassiv haben wir den Monte Baldo seitdem viele Male und auf ganz unterschiedlichen Wegen aufgesucht, und jedes Mal brachte er uns aufs Neue zum Schwärmen. Denn der Übergang von der mediterranen Welt unten am See zur hochalpinen auf dem Gipfel gleicht einer Reise durch weit voneinander entfernte Weltregionen, die wie durch eine wundersame Fügung ausgerechnet hier am Gardasee auf rund 2000 Höhenmeter zusammenschnurrten.

Eben noch wandern wir durch silbrig glänzende Olivenhaine, riechen den Duft von Hibiskus und Bougainvillea, stibitzen Trauben von einem Rebstock, genießen den Schatten von Kastanienwäldern – wenig später überqueren wir schon steile Almwiesen, balancieren auf ausgesetzten Graten und verteidigen unsere Brotzeit gegen freche Bergdohlen. Nicht zu vergessen das Panorama. Von oben wirkt es, als wüchsen die Bergriegel fast senkrecht empor. Und dazwischen glitzert verheißungsvoll der See.

MONTE BALDO UND POLENTA

Auf einer Länge von mehr als 40 Kilometern zieht sich der Monte Baldo am Ostufer entlang. Drei Gipfel, darunter die 2218 Meter hohe Cima Valdritta, akzentuieren das Massiv, das zum See hin schroff abfällt, nach Osten aber in sanften Wiesenhängen ausläuft. Von Malcesine führt eine bequeme Gondelbahn zum Gipfel, auf dessen breitem Plateau sich viele Wandermöglichkeiten bieten. Wir lieben besonders den Sentiero del Ventrar, einen zweistündigen Rundweg ab der Bergstation, der allerdings Schwindelfreiheit und Trittsicherheit erfordert. An stark ausgesetzten Stellen ist er mit Seilen gesichert. Dann wieder schlängelt er sich über duftende Blumenwiesen. Fantastisch sind die Ausblicke auf den Gardasee und Malcesine; an einem Aussichtspunkt laden sogar zwei Bänke zum Verweilen. Leider ist die legendäre Bar Prai, beliebte Einkehr auf halbem Weg, seit einiger Zeit geschlossen.

Auf der gegenüberliegenden Seeseite eröffnet der Naturpark Alto Garda Bresciano vielfältige Wandermöglichkeiten: Im Valle delle Cartiere folgen wir auf bequemen Pfaden dem mun-

Oben: Auf dem Monte Baldo bieten sich immer wieder herrliche Panoramablicke auf den „Benaco", wie der See nach dem einst in Oberitalien verehrten keltischen Gott Benacus auch genannt wird.
Linke Seite: auf der Wander- und Mountainbikeroute vom Pregasina-Tunnel nach Riva.

Der Weg ist das Ziel. Aber es schadet auch nichts, dann doch mal oben anzukommen und ein Päuschen zu machen.

VON OBEN WIRKT DAS PANORAMA, ALS WÜCHSEN DIE BERGE FAST SENKRECHT EMPOR. DAZWISCHEN GLITZERT DER SEE.

Trittsicherheit und eine wandertaugliche Ausrüstung sind auf den meisten Routen am Gardasee unbedingt erforderlich (diese Seite und rechte Seite unten am Monte Baldo; rechte Seite oben am Westufer zwischen Pregasina und Riva).

ter plätschernden Forellenbach von Toscolano Maderno aus zu den Ruinen mehrerer Papiermühlen.

FANTASTISCHE BLICKE GARANTIERT

Anspruchsvoll, dafür aber sehr aussichtsreich ist die sechsstündige Rundwanderung von Pregàsina über die Gipfel Cima della Nara und Cima al Bal. Immer wieder eröffnen sich fantastische Blicke auf den Lago di Garda und seinen kleinen, aus einem Hochtal emporleuchtenden Bruder, den Ledrosee. Vor allem die Passage zwischen den blumenübersäten Bergwiesen der Prati di Guil und dem zackigen Felskamm, der die beiden Gipfel verbindet, ist atemberaubend schön. Auch wenn nicht viel Muße bleibt für das Panorama, denn der Pfad ist schmal und ausgesetzt. Eine gastfreundliche Hütte gibt es hier nicht; wir nehmen ausreichend, aber nicht zu viel Proviant mit, denn danach fahren wir meist weiter ins Ledrotal und kehren im 15 Kilometer entfernten Bezzecca in der Risotteria Rustichel auf ein „Risotto Trittico di Bosco“ mit Spargel, Steinpilzen und Trüffel ein.

TUNNEL-HOPPING ÜBER DEM SEE

Eine kindgerechte Wanderung ist die alte Ponalestraße vom Ledrotal an den Gardasee. 1851 wurde die Straße angelegt, heute benützen sie nur Wanderer und Mountainbiker. Startpunkt ist erneut Pregasina bzw. die Abzweigung der alten Straße oberhalb des Tunnels, rund 200 Meter vor dem Ort. In steilen Serpentinen schlängelt sich der Weg rund 300 Höhenmeter bergab in Richtung Gardasee und folgt dann in einiger Höhe über dem Wasser und durch mehrere Tunnel dem Westufer nach Norden in Richtung Riva. Links steigt der Fels fast senkrecht empor, rechts fällt er ebenso steil in den See. Nicht immer ist ein sicherndes Geländer vorhanden. Für die Kinder empfehlen sich Stirnlampen, um die Tunnels und vielen Höhlen zu erkunden. Einziger Wermutstropfen dieser Route: die Mountainbiker bzw. „Kampfradler“ – da heißt es aufpassen. Etwa zweieinhalb Stunden später ist Riva erreicht, wo der See, hier noch an einen norwegischen Fjord erinnernd, seinen nördlichen Anfang nimmt. Für uns aber bedeutet das nun: Ende gut, alles gut.

Internet & Print

Diese und weitere Wanderungen am Gardasee sind auf www.planetoutdoor.de oder www.alltrails.com ausführlich beschrieben, teils auch mit GPS-Daten. Empfehlenswert sind zudem die Kompass-Wanderkarte „Gardasee und Umgebung“ sowie „Gardasee. Wandern für die Seele“ von Ulrike Zanatta (2023) mit 20 empfehlenswerten Touren und Peter Righis „Oh! Wandern am Gardasee“ (2024) mit 28 leichten bis mittelschweren Wanderungen – spannende Hintergrundinfos, topaktuell, unterhaltsam.

Parco
dell'Adamello
Parco
d.Alto Garda
Bresciano
Parco
d. Lessinia
Lago di Garda
Benaco
Riva del Garda
Arco
Torbole
Nago
Rovereto
Limone sul Garda
Malcesine
Castello Scaligero
Campione d.Garda
Gargnano
Toscolano-Maderno
Gardone Riviera
Salò
Torri del Benaco
Garda
Bardolino
Lazise
Sirmione
Castello Scaligero
Grotte di Catullo
DESENZANO DEL GARDA
Peschiera del Garda
VERONA
Brenzone
Navazzo
Tremosine
Tignale
Ledro
Lago di Ledro
Molina di Ledro
Lago d'Idro
Idro
Valvestino
Lago di Valvestino
Monte Baldo
Tione
Stenico
Dro
Pieve di Ledro
Cima d'Oro
Sommacampagna
Castelnuovo del Garda
Lonato
Monte Alto
Manerba d.Garda
Padenghe sul Garda
Moniga d.Garda
Soiano d.Lago
Polpenazze d.Garda
Puegnago del Garda
San Felice d.Benaco
Portese
I.di Garda
Costermano
Caprino Veronese
Affi
Cavaion Veronese
Rivoli Veron.
Pastrengo
Bussolengo
Pescantina
Valeggio sul Mincio
Castiglione d.Stiviere
Montichiari
Calcinato
Solferino
Pozzolengo
1
2
3
4
5
6
7
8
9
10
11
12
13
14
Maßstab 1:325.000
0
3
6km

STADT, LAND, SEE

Die Urlaubsregion Gardasee/Verona vereint alle Attraktivität Italiens auf kleinem Raum: großartige Kulturschätze, lässige Italianità, kulinarische Genüsse, fantastische Landschaften und mediterrane Promenaden. Plus eine gehörige Dosis Sport.

1 Verona

Veronas Altstadt TOPZIEL gehört zum Welterbe der UNESCO. Die 260 000-Einwohner-Metropole liegt am Übergang des Alpenraums in die Poebene am Ufer der Etsch (ital.: Adige). Kultureller Höhepunkt des Jahres sind die von Ende Juni bis Anfang September dauernden Opernfestspiele im antiken Amphitheater an der Piazza Brà (www.arena.it).

SEHENSWERT/MUSEUM

Das im 1. Jh. erbaute **Amphitheater** ist hervorragend erhalten, obwohl Erdbeben im 12. Jh. die Umfassungsmauer zerstörten. Sitzreihen, die eigentliche Arena und die Katakomben vermitteln auch heute noch eine lebhafte Vorstellung von den durchaus blutigen Volksbelustigungen (Di.–So. 9.00–18.00, bei Aufführungen bis 17 Uhr, im Winter schließt es früher). Der Arena gegenüber laden auf der **Piazza Brà** Cafés und Restaurants zur Rast. Der Doppelbogen der **Portoni della Brà** (14. Jh.) leitet zum **Corso Porta Nuova** über. Ehemals das Forum Romanum des römischen Verona, diente die **Piazza delle Erbe** im Mittelalter als Heumarkt. Nach wie vor wird sie als Markt und als gute Stube Veronas genutzt, eingerahmt von zahllosen Cafés und Restaurants, von Palazzi aus Renaissance und Barock, darunter die freskengeschmückten **Case dei Mazzanti** (14. Jh.) und der imposante **Palazzo del Comune** (15. Jh.). Zur **Piazza dei Signori** wendet dieser Palast seine gotische Fassade, dahinter zeigt er sich in unverfälschter Renaissance. Ein herrlicher Blick auf das mittelalterliche Verona eröffnet sich vom 83 m hohen **Torre dei Lamberti** aus dem Jahr 1172 (368 Stufen oder Lift, Mo.–Fr. 10.00–18.00, Sa., So. 11.00–19.00 Uhr). Die im 13. und 14. Jh. über Verona herrschenden Skaliger ließen sich gleich neben dem städtischen Machtzentrum, der Piazza dei Signori, beisetzen. Die gotischen **Gräber der Skaliger** sind Meisterwerke der Steinmetzkunst; hier ruhen u. a. Cangrande I. (1291–1329), Mastino II. (1308 bis 1351) und Cansignorio (1334–1375). Die **Casa di Giulietta**, Julias angebliches Haus in Verona, ist mit Balkon und Julia-Statue ein Wallfahrtsort aller Romantiker (siehe „Special" S. 103; Via Capello 23, Di.–So. 9.00–19.00 Uhr). Schon wegen ihrer prächtigen Portalfassade verdient die zwischen dem 13. und 15. Jh. errichtete **Chiesa Sant' Anastasia** einen Besuch. Das mit Steinmetzarbeiten geschmückte Portal wird von einem gotischen Spitzbogen eingerahmt. Im Inneren fallen die Zwerge auf, auf deren Rücken die Taufbecken ruhen. Höhepunkt der reichen Ausstattung ist das von Pisanello gemalte Fresko „Aufbruch des heiligen Georg" in der Cappella Giusti (März bis Okt. Mo.–Fr. 9.30 bis 18.30, Sa. bis 18.00, So. 13.00–18.00, Winter Mo.–Fr. 10.00–17.00, Sa. 9.30–18.00, So. 13.00 bis 17.00 Uhr).
In ihrer jetzigen Gestalt stammt die steinerne **Ponte Pietra** weitgehend aus dem 16. Jh., doch gab es viele Vorgänger bis hin zu einem Holzsteg, auf dem die Römer zum **Theater** am anderen Etschufer gelangten. Dessen Sitzreihen staffeln sich am Hang über dem Fluss malerisch zwischen Zypressen. Eine zinnengekrönte Umfassungsmauer, sechs Verteidigungstürme und ein Wassergraben zur Stadtseite hin schützten das **Castelvecchio** vor Angriffen; Cangrande II. ließ es im 14. Jh. errichten. In den Räumen präsentiert das **Museo Civico d'Arte** eine sehenswerte Kunstausstellung (Di.–So. 10.00–18.00 Uhr). Von der Burg führt der ebenfalls zinnengeschützte **Ponte Scaligero** ans andere Etschufer. Eine zweifarbige, mit Flachreliefs geschmückte Fassade ziert die im 12. Jh. erbaute romanische **Basilica di San Zeno** (Öffnungszeiten wie Sant'Anastasia). Durch den von kleinen Säulen getragenen Kreuzgang betritt man die Kirche mit Hochchor und darunter errichteter Krypta, in der die Reliquien des hl. Zeno verehrt werden. Bemerkenswert: der Hochaltar von Andrea Mantegna (1459).

»VERONA WAR FÜR MICH TATSÄCHLICH DAS SCHICKSAL UND DIE SCHÖNHEIT ITALIENS ...«

HEINRICH HEINE, „REISEBILDER"

Romanische und gotische Stilelemente vereint der Veroneser Dom Santa Maria Matricolare. Das Portal des Sakralbaus schmücken Skulpturen und Basisreliefs von Meister Nicolò.

RESTAURANT

Die Adresse für Veneto-Spezialitäten wie das Veroneser Leibgericht „Pasta e fasoi" (Bohneneintopf mit Nudeln) ist die **€€€ Osteria al Duca** (Via Arche Scaligere 2, Tel. 045 59 44 74, www.osteriaalduca.it). Bei **€€€€ Vescovo Moro** begeistern unerwartete Genusskombinationen alle Sinne. Das lobt der Michelin – und beklagt der Geldbeutel (Via Pontida 3, Tel. 045 8 03 50 84, https://vescovomoro.it).

UNTERKUNFT

Das historische Hotel **€€€ Accademia** mit elegant eingerichteten Zimmern liegt sehr zentral unweit der Via Manzini und hat eine Garage (Via Scala 12, Tel. 045 59 62 22, www.hotelaccademiaverona.it). An der Oper wohnt man im **€€ B&B Anfiteatro** (Via Alberto Mario 5, Tel. 349 3 66 62 46, www.anfiteatro-bedandbreakfast.com).

INFORMATION

IAT Piazza Brà, Via Leoncino 61, Tel. 045 8 06 86 80, www.visitverona.it

2 – 7 Riva del Garda und das Westufer

Wie ein Fjord wirkt der von hohen Bergen eingerahmte See in seinem nördlichen Drittel. Das vielfältige Sportangebot und die Naturschönheiten ziehen vor allem Aktivreisende in die Region.

SEHENSWERT

Hauptort am Nordende ist 2 **Riva del Garda**, das im 19. Jh. als Kurort Furore machte. Von der arkadengesäumten Piazza 3 Novembre führen schmale Sträßchen durch die hübsche Altstadt. Den Hafen bewacht die Wasserburg Rocca (12. Jh.) mit dem Stadtmuseum **Museo Alto Garda** (MAG, Di.–So. 10.00–18.00 Uhr). Auf der Gardesana Occidentale am Westufer nach Süden fahrend erreicht man 3 **Limone sul Garda**, dessen Häuser förmlich am Fels kleben. Ab dem 17. Jh. wurden hier Zitronen in Gewächshäusern gezogen. Diese „limonaiae" erstrecken sich meist über mehrere Terrassen und bestehen aus Pfeilern und Außenmauern, die im Winter nach Bedarf mit Glas oder Holz abgedichtet werden konnten. Das malerische 4 **Gargnano** hat sich ein noch recht unverfälschtes Flair bewahrt. Die ehemalige Sommerresidenz der Verlegerfamilie Feltrinelli ist heute ein Luxushotel. Den Kreuzgang des Klosters San Francesco (13. Jh.) schmücken in Stein gehauene Zitrusfrüchte. Bei 5 **Gardone Riviera** weitet sich der See. Zum **Vittoriale degli Italiani**, der Villa des Dichters Gabriele d'Annunzio (1863–1938), gehören Mausoleum, Theater und Privaträume (April–Okt. tgl. 9.00–19.30, Winter 9.00–17.00 Uhr, www.vittoriale.it). André Hellers **Giardino Botanico** TOPZIEL entführt seine Besucher in ein Gartenreich der Träume (März–Okt. tgl. 9.00 bis 19.00 Uhr, www.hellergarden.com). Im benachbarten 6 **Salò** lohnen ein Bummel über die Uferpromenade und ein Besuch des spätgotischen **Duomo Santa Maria Annunziata**.

RESTAURANT & UNTERKUNFT

In den Gewölben eines historischen Palazzo zaubert die Küche des **€€€ Al Volt** Köstlichkeiten auf den Tisch (Via Fiume 73, Riva del Garda, Tel. 0464 55 25 70, www.ristorantealvolt.com). Im **€€€ Al Miralago** gegenüber dem alten Hafen kochen Carlo und Ilaria exzellent (Lungologo Zanardelli 5, Gargnano, Tel. 0365 7 12 09). Sterneverdächtige und verhältnismäßig günstige Feinschmeckerküche bietet die **€€€ Osteria Antico Brolo** (Via Carere 10, Gardone, Tel. 0365 2 14 21, Mo. geschl., www.ristoranteanticobrolo.it). Das **€€€€ Lefay Resort** in Traumlage überzeugt mit schickem Design, umfangreichem Wellnessprogramm und ökologischem Energiekonzept (Via Feltrinelli 136, Gargnano, Tel. 0365 24 18 00, www.lefayresorts.com). Das **€€€ Hotel Sole** in erster Reihe am See ist etwas für Nostalgiker. WLAN und Fahrräder sind für Gäste kostenlos (Piazza 3 Novembre, Riva del Garda, Tel. 0464 55 78 09, www.hotelsoleriva.it).

UMGEBUNG

In **Molina di Ledro** am 7 **Ledrosee** gruben Archäologen Überreste 3500 Jahre alter Pfahlbauten aus. Die Stätte gehört mit anderen europäischen Pfahlbausiedlungen zum UNESCO-Welterbe (März–Juni, Sept.–Dez. tgl. 9.00 bis 17.00, Juli/Aug. 10.00–18.00 Uhr).

INFORMATION

Ufficio Informazioni, Largo Medaglie d'Oro al Valor Militare 5, Riva del Garda, www.gardatrentino.it, Tel. 0464 55 44 44

Tipp

Sport-Mekka Tobole

Sind Sie lieber auf dem Rad oder dem Surfbrett unterwegs? In Torbole geht beides: Radler finden im Aktivhotel Santa Lucia die ideale Basis mit Tourenarchiv fürs GPS-Gerät, Radwartung, Waschservice und gesundem Superfrühstück. Nach der Tour geht's dann beim Circolo Surf weiter – egal ob beim Windsurfen, Kiten oder beim SUP. Und abends? Da sind Sie garantiert müde!

€€€ AKTIVHOTEL SANTALUCIA
38069 Torbole sul Garda, Via Santa Lucia 6, Tel. 0464 50 51 40, www.aktivhotel.it

CIRCOLO SURF
Via della Lova, Torbole, Tel. 0464 50 53 85, www.circolosurftorbole.com

8 – 11 Malcesine und das Ostufer

Aktivitäten stehen auch hier an erster Stelle – neben dem Wassersport lockt das Monte-Baldo-Massiv zu panoramareichen Wanderungen.

SEHENSWERT/MUSEUM

Nur wenige Kilometer nordöstlich von Riva del Garda schmiegt sich 8 **Arco** an den Fuß eines von einer mittelalterlichen Burgruine bekrönten Felsens. Direkt dahinter beginnt das Freeclimber-Areal der Colodri-Wand. Im nahen 9 **Nago-Torbole** dreht sich alles um Segeln, Windsurfen und Fahrradfahren. Das 15 km entfernte 10 **Malcesine** ist ein beliebter Ausgangspunkt für Touren am Monte Baldo (2218 m, Seilbahn Sommer tgl. 8.00–18.00 Uhr). Die trutzig über dem Ort thronende **Skaligerburg** wurde 1786 um ein Haar Goethe zum Verhängnis. Er wollte sie malen und wurde deshalb verdächtigt, ein österreichischer Spion zu sein. Reizvoll ist ein Bummel durch die Altstadt. Auch 11 **Torri del Benaco** duckt sich in den Schatten einer Skaligerburg, deren Museum sich Themen wie dem Fischfang und dem Olivenanbau widmet (Mitte Juni–Mitte Sept. 9.30–13.00, 16.30–19.30, Mo. nur bis 13 Uhr, www.museodelcastelloditorridelbenaco.it). Der Badestrand **Baia delle Sirene** säumt die von der Natur mit mediterraner Schönheit bedachte Halbinsel **Punta San Vigilio** mit ihrer prunkvollen Renaissancevilla.

Tipp

YOGA & SUP

Gleichgewicht und Entspannung verspricht diese immer beliebter werdende Kombination von Stand-Up-Paddling mit einfachen Yoga-Übungen. Vorkenntnisse sind nicht nötig. Einfach aufs Wasser, das Board ausbalancieren, tief einatmen und *OM*!

DUOTONE PRO CENTER TORBOLE
Via Lungolago 12, Spiaggia Conca d'Oro, Tel. 0464 97 21 24, www.dpc-torbole.com

RESTAURANT & UNTERKUNFT

Das mit Michelin-Stern geadelte Feinschmeckerlokal **€€€€ Vecchia Malcesine** zählt zu den besten Restaurants am See (Via Pisort 6, Tel. 335 6 37 76 99, www.vecchiamalcesine.com). Es ist nicht nur, aber schon auch der Blick auf den See, der die **€€€ Osteria del 4** zum Favoriten macht. Dazu frischer Fisch und hausgemachte Pasta (Lungolago Vittorio Veneto 4, Tel. 045 629 64 32, www.osteriadel4.it). Persönliche Atmosphäre prägt das modern und farbenfroh eingerichtete **€€€ Hotel Erika** mit kleinem Garten im Ortszentrum (Via Campogrande 8, Malcesine, Tel. 045 7400451, www.erikahotel.net). Modern gestaltete Zimmer, ein Privatstrand und ein breites Sportangebot sind die Pluspunkte der **€€€ Villa Carmen** etwas

außerhalb von Malcesine (Via Gardesana 372, Tel. 045 7 40 03 33, www.villacarmen.it).

INFORMATION:
Ufficio Informazioni, Via Gardesana 238, Malcesine, Tel. 045 7 40 00 44, www.visitmalcesine.com

⑫ – ⑭ Sirmione und der südliche Gardasee

Kontrastreich präsentiert sich der Süden mit an den See geschmiegten historischen Städtchen und dem weitgehend ebenen Hinterland.

SEHENSWERT/MUSEUM

⑫ **Gardas** hübsche Altstadt steht im Schatten einer knapp 300 m hohen Rocca. Herrschaftliche Villen prägen das Ortsbild. ⑬ **Bardolino** ist Namensgeber eines berühmten Rotweins und Ausgangspunkt für die Strada del Vino Bardolino zu Kellereien in der Umgebung. Einen Überblick über Anbau und Verarbeitung vermittelt das **Museo del Vino**, das zur Kellerei Zeni gehört (Via Costabella 9, www.museodelvino.it). ⑭ **Sirmione** gehört zu den Highlights im Süden. Schon das Entrée mit dem bestens erhaltenen **Skaligerkastell** ist sehr imposant. Durch die malerische Altstadt geht's an die Nordspitze zur römischen Palast- und Thermenanlage (beide Winter Di.–Sa. 8.30–19.30, So. bis 13.30, Sommer Di.–Sa. 8.30–19.30, So. 9.15–17.45 Uhr).

RESTAURANT

Hausgemachte Pasta, frischer Fisch und perfekt abgeschmeckte „sughi" machen das Essen im **€€€ La Fiasca** zum Genuss (Via Sta. Maria Maggiore 11, Sirmione, Tel. 030 9 90 61 11, www.trattorialafiasca.it). Fast intim wirkt **€€€ Il Giardino delle Esperidi** (Via Goffredo Mameli 1, Bardolino, Tel. 045 6 21 04 77, www.giardinodelleesperidi.it); exzellente Speise- und Weinauswahl. Das **€€€ Hotel Remat** ist ein zauberhaftes Haus im Zentrum mit gutem Restaurant (Piazza Catullo 10, Garda, Tel. 045 6 27 04 48, www.hotelremat.it). Direkter Seezugang und ein Olivenhain zeichnen das **€€ Al Molino** aus. Moderne, geschmackvolle Zimmer und ein üppiges Frühstück machen den Aufenthalt perfekt (Via Gardesana 382, Campagnola/Malcesine, Tel. 045 7 40 02 99, www.hotelalmolino.com).

UMGEBUNG

Südöstlich von Bardolino konkurrieren Freizeitparks um die Gunst der Besucher: **Gardaland** mit Karussells, Achterbahnen, Shows ist stark an seinem Vorbild Disneyland orientiert (www.gardaland.it), **Caneva World** mit Riesenrutschen-Aquapark, **Movieland** mit Stuntshows und einem Mittelalterdinner-Spektakel (www.canevaworld.it) sowie **Parco Natura Viva**, in dem Sie auf Safari fahren und wilde Tiere beobachten können (www.parconaturaviva.it)

INFORMATION
I.A.T. Sirmione, Viale Marconi 8, Tel. 0303 7 28 53 27, https://visitsirmione.com

EIN BALANCEAKT AUF DEM SEE

Ohne Balance geht es nicht auf dem SUP-Board, doch wenn Sie einen guten Gleichgewichtssinn haben, spricht nichts gegen diese abwechslungsreiche Stehpaddel-Tour um die schmale Halbinsel von Sirmione.

Das geht ja gut los! Start ist im alten Hafenbecken zwischen den historischen Mauern des Skaligerkastells. Von hier folgen Sie dem mit üppigem Grün bewachsenen Ostufer nach Norden, passieren Kiesbuchten und elegante Strandbäder und erreichen nach einem knappen Kilometer eine Stelle, an der heilkräftiges Thermalwasser austritt – am Schwefelgeruch ist sie leicht zu erriechen. Die Quelle soll bei allen möglichen Wehwehchen helfen, wer Lust hat, nimmt also ein gesundes Bad. Allmählich wird die Küste nun steiler; die Ruinen der römischen Villa auf dem Felssporn, der Grotte di Catullo, sind nur zu erahnen, dafür nähern Sie sich jetzt Sirmiones berühmtem Jamaica Beach. Kalkplatten vor der Spitze der Halbinsel lassen das Wasser bei entsprechendem Licht türkis strahlen. Die Hälfte der Strecke ist geschafft, Zeit also für eine karibische Badepause und ein Tramezzino in der angesagten Jamaica Bar.

„Wandern" mal anders – auf einem SUP-Brett geht es um die Halbinsel von Sirmione

Am von Stränden gesäumten Nordwestufer paddeln Sie nun nach Süden. Etwa auf halber Strecke ändert sich die Szenerie, Hotels und ihre Lidos verdrängen die Natur, bevor Sie schließlich den Jachthafen erreichen. Das letzte Stück kann unruhig sein – zu viele Boote sind unterwegs. Wer sich unsicher fühlt, geht am Schiffsanleger an Land und trägt das Brett zum Parkplatz.

Tourenprofil: Für die 6 km lange Strecke benötigen Sie ohne Pause eine Stunde. Schwierigkeitsgrad: mittel. Das Wasser kann um die nördliche Landspitze unruhig sein, ebenso um den Schiffsanleger und den Jachthafen am Ende der Tour.

SUP-Verleih: Claudio Lana Professional Surf Center, Spiagga Garda Village, Sirmione, Tel. 0338 6 24 36 50, www.lanaplanet.it, SUP 13 €/Std. Vom Verleih sind es ca. 4,5 km zum Startpunkt; Parkplätze stehen auf dem Damm zur Altstadt zur Verfügung.

Die spannendsten Verkostungen

IM REICH DER GENÜSSE

Wein und Oliven allerorten – die Region der Oberitalienischen Seen ist mit den Gaben der Götter gesegnet, an Verkostungsangeboten herrscht kein Mangel. Dürfen wir Ihnen unsere Favoriten vorstellen? Traditionalisten sind darunter und Visionäre, einfache Botteghe, futuristisch-elegante Kellereien, Genossenschaften und Einzelkämpfer. Allen gemeinsam ist das Motto: Qualität geht über alles!

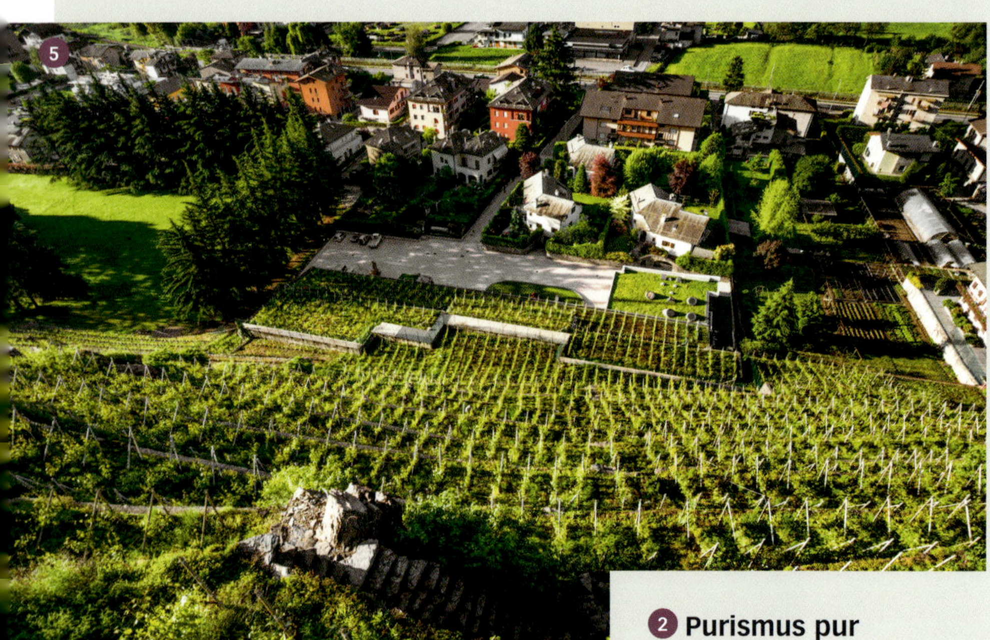

1 Leicht und fruchtig

Konkurrenz belebt das Geschäft, kann aber auch ganz schön anstrengend sein. Deshalb haben sich mehr als 500 Olivenbauern im Consorzio Olivicoltori di Malcesine zusammengeschlossenen und ziehen an einem gemeinsamen Strang. Zusammen produzieren und vermarkten sie „el nos oio", „unser Öl" also, wie es im lokalen Dialekt heißt, von mehr als 70 000 Bäumen. Diese stehen an den Hängen der Kommune Malcesine, im nördlichen Teil des Sees. Lage, Erde und Klima verleihen dem mit dem Gütesiegel D.O.P. geadelten Ölivenöl eine besonders leichte, fruchtige Note, von der man sich im Laden der Genossenschaft oder auch bei einer Führung durch die Ölmühle überzeugen kann.

Consorzio Olivicoltori di Malcesine, Via Navene 21, Malcesine, Tel. 045 7 40 12 86, www.oliomalcesine.it, Führung und Verkostung Fr. 10.00 Uhr

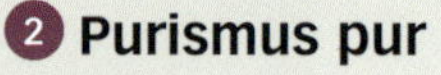

2 Purismus pur

Die Vorfahren der Familie Comincioli bewirtschafteten die Olivenhaine und Weinpflanzungen in den Moränenhügeln um Puegnago del Garda bereits seit dem 16. Jahrhundert. Erfahrung paart sich bei diesem Gut mit der ständigen Bereitschaft zur Innovation, ohne dabei die Tradition aus dem Auge zu verlieren. So verdankt einer von Comincìolis ungewöhnlichsten Weinen, der Perlì, seine besondere mineralische Note zwei lokalen, fast in Vergessenheit geratenen Rebsorten, Erbamat und Trebbiano Valtenesi, welche die Familie in den letzten 30 Jahren nachgezüchtet hat. Autochthone Sorten prägen auch die D.O.P.-Öle wie das schon vielfach preisgekrönte „Numero Uno", die in puristisch gestalteten Flakons dargeboten werden – als handle es sich um kostbarste Parfüms.

Azienda Agricola Comincioli, Via Roma 10, fraz. Castello, Puegnago del Garda, Tel. 0365 65 11 41, www.comincioli.it, Besichtigung und Verkostung nach telefonischer Anmeldung Mo.–Sa. 9.30 –12.00 und 14.30 –19.00 Uhr

3 Leidenschaften, glasweise

In Brescias schmaler Via dei Musei verbirgt sich ein Geheimtipp für Weinliebhaber und Freunde der italienischen Aperitivo-Leidenschaft. In der winzigen, mit Weinregalen vollgestellten Bottega, von deren Decke duftende Schinken hängen, haben nur wenige Tischchen Platz, doch was da serviert wird, kann sich mit Feinschmeckerlokalen messen: Salami, Prosciutto, diverse Käsesorten, Tramezzini, Bruschette und dazu die besten Weine der Region.

Bottega del Garzone, Brescia, Via dei Musei 21a, Tel. 030 2 40 00 59, https://bottegadelgarzone.it, Di.–So. ab 18.30 Uhr

COMINCIOLI
Numero Uno
i denocciolati

Alpen
SCHWEIZ
Ortler 3899 m
Trentino-Südtirol
Locarno
Lago Maggiore
Luganer See
Bergamasker Alpen
Comer See
Como
Bergamo
Lago d'Idro (Eridio)
Lago di Ledro
Lago d'Iseo (Sebino)
Etsch
Novara
Mailand
Lombardei
Verona
Gardasee
ITALIEN
Po
Poebene
Parma

4 Vom Spumante zur Kunst

Maurizio Zanelli war gerade mal 15 Jahre jung, als er beschloss, sein Leben den perlenden Weinen der Franciacorta zu widmen. Ohne ihn hätten die Schaumweine vom Iseosee niemals eine so steile Karriere hingelegt; das bescheinigte dem leidenschaftlichen Winzer sogar der Weinpapst Luigi Veronelli. Seit den Anfängen in den 1970er-Jahren gewann Zanelli viele Preise, nicht nur für den „lombardischen Champagner", wie der Franciacorta-Spumante gern genannt wird, sondern auch für seine Weißen und Roten. Den perfekten Wein zu kultivieren, das ist in Zanellis Augen vergleichbar mit dem Talent, Skulpturen zu formen, weshalb er Kantine und Weingärten mit Werken zeitgenössischer Bildhauer schmückt. Selbst das bronzene Tor zu seinem Gut ist Kunst.

Ca' del Bosco, Via Albano Zanella 13, Erbusco, Tel. 030 7 76 61 11, www.cadelbosco.com, Besichtigung für Gruppen ab 6 Personen nach Voranmeldung Mo.–Fr. 9.00 bis 12.30, 14.00–18.00, Sa., So. 9.00–17.00 Uhr

5 Spitzentropfen

Im Valtellina sind es die auf die Südhänge strahlende Gebirgssonne, das die Wärme reflektierende Gestein, die in Jahrhunderten aufgeschütteten Terrassen, auf denen die Reben stehen, und nicht zuletzt die sehr mühevolle und viel Idealismus erfordernde Handarbeit der Winzer, die einen prachtvollen Nebbiolo hervorbringen. Einer der ungewöhnlichsten Weinkeller im Valtellina ist Ar.Pe.Pe., wurde er doch am Fuß der Rebhänge tief in den Berg gegraben. Die letzten Sonnenstrahlen des Herbstes verleihen dem D.O.C.G.-Wein Sasella Ultimi Raggi seinen besonderen mineralischen Duft nach getrockneten roten Beeren und einen unnachahmlich würzigen Geschmack. Ein Meisterwerk – zu besichtigen nach Voranmeldung.

Ar.Pe.Pe., Via Buon Consiglio 4, Sondrio, Tel. 0342 21 41 20, www.arpepe.com

6 Rassig & gut

Valtenesi – so heißen die Moränenhügel am Westufer des Gardasees über dem Golf von Salo. Früher, so berichtet Alessandro Luzzago vom Weingut Le Chiusure, war die ganze Region ein großes Weinanbaugebiet; heute sind viele Rebflächen Ferienhäusern zum Opfer gefallen. Dieser Entwicklung stemmen sich Alessandro und Paola seit dem Jahr 2000 entgegen: Auf ihrem Gut keltern sie mittlerweile sieben Weine, darunter einen spritzigen D.O.C.-Chiaretto und den eigenwillig-rassigen Malborghetto aus Rebo- und Merlottrauben.

Le Chiusure, Via Boschette 2, San Felice del Benaco, Tel. 0365 62 62 43, www.lechiusure.net, April–Sept. nach Voranmeldung

7 Fortschritt und Tradition

Lisetta und Niccolo Lucchini haben das Winzer-Handwerk von der Pike auf gelernt – bei einem Frater des Franziskanerklosters in Lugano. Eine solche Tradition verpflichtet – das riecht und schmeckt man dann auch bei jedem Schluck ihres fantastischen Moncucchetto Merlot und der anderen Weine aus ihrer Cantine. Gestaltet wurde diese von dem Tessiner Stararchitekten Mario Botta als futuristischer, sich an den rohen Fels lehnender dreistöckiger Betonbau, in dem man übrigens nach Voranmeldung auch ganz hervorragend speisen kann.

Fattoria Moncuchetto, Via Crivelli 29, Lugano, Tel. 0919 67 70 60, www.moncucchetto.ch

HILFREICH & NÜTZLICH

Praktische Informationen für die Reise und einiges Wissenswerte über die Region der Oberitalienischen Seen haben wir hier für Sie zusammengetragen.

Kochkurs-Dinner auf einem Weingut bei Gargnano (Gardasee).

Anreise

Mit dem Auto: Der schnellste Weg an die östlichen Oberitalienischen Seen führt von Süddeutschland aus über die Brenner-Autobahn A22 an den Gardasee bzw. über die A4 weiter nach Brescia. An den Lago Maggiore, Lago di Como sowie nach Bergamo und Mailand geht es entweder auf der A96 bis Lindau und weiter auf der A13 durch die Schweiz oder über die A81 nach Singen und dann ab Zürich über die A4 und A2 nach Süden. Autobahnen in Österreich, Italien und der Schweiz sind mautpflichtig.
Mit der Bahn: Mit der Bahn erreichen Sie Verona von München aus mit dem mehrmals täglich abfahrenden EC; von Verona ist die Weiterfahrt nach Peschiera del Garda, Brescia, Bergamo und Mailand möglich (www.bahn.de). Von Wien aus ist die Fahrt nach Mailand mit mehrmaligem Umsteigen verbunden (www.oebb.at), von Zürich gibt es Direktzüge (www.sbb.ch).
Mit dem Bus: Anbieter wie Flixbus (www.flixbus.de) haben Busreisen im Programm. Angefahren werden italienische Metropolen wie Verona oder Mailand.
Mit dem Flugzeug: Linienflüge von Lufthansa/Air Dolomiti ab München, Berlin, Düsseldorf, Frankfurt/M. nach Mailand/Bergamo und Verona (www.airdolomiti.de), ab Wien mit Austrian in die norditalienischen Städte (www.austrian.com), ab Zürich mit Swiss Air (www.swiss.com). Auch Billigflieger wie Ryanair (www.ryanair.com) bieten Flüge an.

Auskunft

Internet: www.enit.it (Italien), www.in-lombardia.it (Lombardei), www.myswitzerland.com (Schweiz), www.ticino.ch (Tessin)
In Deutschland: Schaumainkai 87, 60596 Frankfurt am Main, Tel. 0049 69 23 74 34, frankfurt@enit.it
In der Schweiz: Todistr. 65, CH-8002 Zürich, Tel. 0041 44 54 40 797, zurigo@enit.it
In Österreich: Mariahilferstraße 1b/XVI, A-1060 Wien, Tel. 0043 5 05 16 30 12, vienna@enit.it

Autofahren, Bahn & Bus

Italien: Das Tempolimit auf Autobahnen beträgt für Pkw 130 km/h, auf Schnellstraßen 110 km/h, auf Landstraßen 90 km/h, innerorts 50 km/h. Außerhalb geschlossener Ortschaften muss auch tagsüber das Abblendlicht eingeschaltet werden. Das Mitführen von Warnwesten und deren Anlegen im Falle einer Panne oder eines Unfalls ist Pflicht. Die Promillegrenze beträgt 0,5. An gelb oder schwarz-gelb markierten Bordsteinen oder Stellflächen ist das Parken verboten.
Schweiz: Tempolimit auf Autobahnen 120 km/h, auf Schnellstraßen 100 km/h, auf Landstraßen 80 km/h und innerhalb von Ortschaften 50 km/h. Auch tagsüber muss stets mit Abblendlicht gefahren werden. Das Mitführen von Warnwesten und deren Anlegen im Falle einer Panne oder eines Unfalls ist Pflicht. Die Promillegrenze beträgt 0,5. An gelb markierten Bordsteinen gilt Halteverbot.
Öffentliche Verkehrsnetz: Mit den Regionalbahnen von Trenord erreichen Sie von Brescia, Bergamo und Milano aus Ziele am Comer- und Luganer See sowie am Lago Maggiore (www.trenord.it). Von und in die Schweiz pendeln die Bahnen von TILO (www.tilo.ch). Unter www.muoversi.regione.lombardia.it bekommen Sie in deutscher Sprache Auskunft zu allen Verkehrsverbindungen, von Bahn über Bus bis zum Schiff.

Essen und Trinken

Speisen: Bäuerliche Küche trifft im Gebiet der Oberitalienischen Seen auf verfeinerte großstädtische, mediterran und österreichisch beeinflusste Traditionen. Stark prägend sind saisonale wie regionale Elemente: Herbst und Winter gehören der Pilz- und Wildküche; „bresaola" (luftgetrockneter Rinderschinken) aus dem Valtellina, „orzata" (Gerstensuppe) aus dem Onsernonetal, „castagnaccio" (Maronenkuchen) aus dem Piemont und die Tessiner „busecca" (Kuttelsuppe) bereichern auch das Angebot guter Restaurants in anderen Regionen.
An den Seen steht Süßwasserfisch ganz oben auf der Speisekarte. Prägend sind zudem zwei Sorten von Hülsenfrüchten: Reis und Mais. Ersterer wird zu einer Fülle verschiedener Risottos verarbeitet, z. B. mit Steinpilzen („porcini"), mit Safran, aber auch mit Meeresfrüchten oder Kalbfleisch. Die früher aus Hirse, inzwischen aus Maismehl zubereitete Polenta ist in ländlichen Gebieten noch ein Grundnahrungsmittel, das wie Nudeln begleitet wird von diversen Saucen.
Die typischen Antipasti bestehen aus einer Aufschnittplatte mit Salami, Pancetta und Mortadella, die hier aus mit Leber vermischtem Schweinefleisch zubereitet wird. Die meisten Käsesorten sind sehr aromatisch; Spezialität der Lombardei ist der Gorgonzola.
Schwein, Rind und „capretto" (Zicklein) finden sich in verschiedenen Zubereitungsformen auf den Speisekarten, im Herbst ergänzt durch Wild wie „quaglio" (Wachtel), „faraone" (Fasan), „capriolo" (Reh) oder „coniglio" (Kaninchen). Das lombardische Pendant zum Wiener Schnitzel ist die „cotoletta milanese", die aus einem Kalbfleischkotelett mit Knochen bestehen sollte und paniert wird. Aus den Seen und Flüssen kommen Forellen, Barsche und „missoltit" (in Essig marinierter Trockenfisch).
Die bekannteste Süßspeise der Region ist der Panettone, ein luftiger Hefeteigkuchen mit kandierten Früchten, der traditionell zu Weihnachten gegessen wird.
Getränke: Wein allerorten! Feinste Tropfen gedeihen in der Region: Chiaretto, Bardolino und Lugana sind am Gardasee zu Hause. Im Tessin setzen die Winzer zumeist auf den vollmundigen Merlot, nur die Weinbauern des Valtellina pflegen auf ihren steilen Terrassen die Nebbiolo-Traube. In der Region zwischen Brescia und Gardasee perlt der Franciacorta nach traditionellem Champagnerverfahren. Aber auch das Bierbrauen hat Tradition: Mailand ist Sitz der alteingesessenen Birra Dreher.
Essenszeiten: Nach italienischem Brauch nimmt das Frühstück („piccola colazione") keine große Rolle ein. Wichtiger ist ein ausgiebiges Mittagessen („pranzo"). Viele Restaurants offerieren günstige Mittagsmenüs. Zum

Preiskategorien

€€€€	Hauptspeisen	35 CHF/32 €
€€€	Hauptspeisen	23–35 CHF/ 20–32 €
€€	Hauptspeisen	14–23 CHF/ 13–20 €
€	Hauptspeisen	bis 14 CHF/ 13 €

Naturfelstunnel zwischen Nago und Torbole (Gardasee).

Abendessen gibt es in den Familien oft nur noch ein kleineres Gericht. Die meisten Restaurants sind zwischen 11.30 und 14.30 für das Mittagessen und dann abends ab 19.00 Uhr geöffnet.

Feiertage und Feste

An den Seen findet eine Vielzahl von Kulturveranstaltungen statt, angefangen mit Pasqua in Città in Luganos Altstadt (Verkauf regionaler Spezialitäten und Lebensmittel am Osterwochenende) über den Antiquitätenmarkt (Ende Mai/Anfang Juni) sowie das Filmfestival (Mitte Aug.) in Locarno bis hin zum Musikfestival in Como (1. Julihälfte) oder der Regatta Centomiglia Anfang Sept. am Gardasee. Mailand macht mit seinen vier Modemessen Furore, sorgt aber auch mit Märkten wie dem farbenprächtigen Blumenmarkt Fiori sul Naviglio (April) am Naviglio Grande zu Ehren des S. Ambrogio (7. Dez.) für bunte Unterhaltung. Bergamo feiert mit Aufführungen von Werken Gaetano Donizettis und anderer Komponisten im Sept. und Okt. ein Festival Musica.
Feiertage: *Lombardei/Piemont/Trentino/Veneto:* 1. Jan. (Neujahr), 6. Jan. (Hl. Drei Könige), Ostermontag, 25. April (Tag der Befreiung), 1. Mai (Tag der Arbeit), 2. Juni (Tag der Republik), 15. Aug. (Maria Himmelfahrt), 1. Nov. (Allerheiligen), 7. Dez. (S. Ambrogio), 8. Dez. (Tag der Unbefleckten Empfängnis), 25. Dez. (Weihnachten), 26. Dez. (S. Stefano).
Tessin: 1. Jan. (Neujahr), 6. Jan. (Hl. Drei Könige), 19. März (St. Joseph), Ostermontag, 1. Mai (Tag der Arbeit), Christi Himmelfahrt, Pfingstmontag, Fronleichnam, 29. Juni (St. Peter u. Paul), 1. Aug. (Nationalfeiertag), 15. Aug. (Maria Himmelfahrt), 1. Nov. (Allerheiligen), 8. Dez. (Tag der Unbefleckten Empfängnis), 25. Dez. (Weihnachten), 26. Dez. (Stephanstag).

Info

Daten & Fakten

Geografische Lage: Das Gebiet der acht Oberitalienischen Seen reicht vom Gardasee mit Verona im Osten bis zum Lago Maggiore mit Mailand im Westen sowie vom Schweizer Südtessin mit Locarno und Lugano im Norden bis zu Brescia und Bergamo. Administrativ ist die Region in den Kanton Tessin (Schweiz) sowie die Regionen Piemont, Lombardei, Trentino und Veneto (Italien) gegliedert.
Bevölkerung: In der Lombardei, dem Kern der in diesem Band beschriebenen Region, leben rund 10 Mio. Menschen. Die Bevölkerungsdichte ist mit 418 Einw./km² hoch. Vorherrschend ist der katholische Glaube.
Wirtschaft: Die Lombardei gehört zu den wirtschaftsstärksten Regionen des Landes. Ihr BIP beträgt rund ein Viertel des gesamtitalienischen Werts, die Arbeitslosenzahl ist mit rund 6 % gemessen an 9,7 % für ganz Italien recht niedrig. Die wichtigsten Wirtschaftsfaktoren sind Industrie (34 %) und Dienstleistung (65 %). Trotz der großen Ackerflächen in der Poebene trägt die Landwirtschaft mit nur 1 % zum BIP bei.
Naturraum: Der Naturraum leitet von den Südalpen mit den über 3000 m hohen Gipfeln der Bergamasker Alpen und der über 3900 m hohen Ortlergruppe zur Poebene über. Den Alpen vorgelagert sind die lombardischen Voralpen. Die drei großen (Gardasee, Lago Maggiore, Comer See) und fünf kleinen (Iseosee, Luganersee, Ortasee, Lago di Varese, Idrosee) Seen entstanden durch das Abschmelzen eiszeitlicher Gletscher in deren sogenannten Zungenbecken. Po und Adda (Etsch) bilden auf italienischem, Ticino auf Schweizer Gebiet die wichtigsten Flüsse. Vegetation und Tierwelt sind sowohl von hochalpinen wie subtropischen Einflüssen geprägt. Während in den Bergen Lärchen und Fichten in den Hochlagen von Wäldern aus Kastanien, Buchen und Eichen in mittleren Lagen abgelöst werden, gedeihen in geschützten Lagen an den Seen auch mediterrane Pflanzen.

Geld

Währung im Tessin ist der Schweizer Franken zu je 100 Rappen (1 CHF = 1,05 €); in den grenznahen Regionen zu Italien kann man überall mit dem Euro bezahlen.

Gesundheit

Kliniken und Apotheken mit Notdiensten finden Sie in größeren Orten. Hilfe bekommen Sie über die internationale Notfallnummer 112.
Mit der **Europäischen Krankenversicherungskarte (EHIC)** haben gesetzlich Versicherte aus Deutschland, Österreich und der Schweiz Anspruch auf eine notwendige ärztliche Hilfe. Es empfiehlt sich dennoch eine zusätzliche Auslandskrankenversicherung, die auch die Kosten für den Rücktransport nach Deutschland einschließt.

Öffnungszeiten

Banken sind in der Regel Mo.–Fr. 8.30–13.30 und 14.15–15.45 Uhr geöffnet, Postämter Mo. bis Fr. 8.15–13.30, Sa. bis 12.00 Uhr und Geschäfte Mo.–Fr. 9.00–12.30 und 15.30–19.30 Uhr. Große Supermärkte machen keine Mittagspause, sind abends länger (oft bis 22.00 Uhr) und auch am Sonntagvormittag geöffnet. Restaurants machen nachmittags meist eine längere Pause, einige öffnen nur abends.

Reisezeit

Am Schnittpunkt von Alpen und Poebene beeinflussen verschiedene Klimafaktoren das Wetter. Teile der Region fallen unter das insubrische Klima der Südalpen mit starken Niederschlägen, aber auch sehr vielen Sonnenstunden. Obwohl die Berge so nah sind, sind die Temperaturen milder als in Mitteleuropa; das Thermometer fällt auch im Winter selten unter den Gefrierpunkt. Im Frühjahr und Herbst gibt es häufig Regen und Morgennebel. Die Sommer sind warm, jedoch selten zu heiß und trocken.

Schifffahrten

Auf dem Lago Maggiore, Lago di Como und Lago di Garda verkehren Schiffe der Gesellschaft Navigazione Laghi (www. navigazionelaghi.it). Die Fahrpläne für den Luganer See finden Sie auf www.lakelugano.ch.

Souvenirs

Kulinarische Mitbringsel wie Olivenöl, Salami, Pancetta, Käse oder Pasta kauft man am besten in den hervorragend sortierten großen Supermärkten oder in einer Enoteca mit meist kompetenter Beratung. In Souvenirgeschäften sind die regionalen Spezialitäten hingegen selten ihren Preis wert. Weinstraßen durch das Valtellina, das Franciacorta- oder das Bardolino-Gebiet führen zu Winzern, deren Weine Sie vor Ort verkosten und erwerben können. In Mailand, der Stadt der Mode, sind die italienischen Designer Ziel Nummer eins; günstiger bekommt man ihre Kreationen im Outlet (s. Tipp S. 54).

Sport

Baden: Wegen der felsigen, teils steilen Ufer gibt es an den Oberitalienischen Seen nicht viele Badestellen, einsame Buchten sind bestenfalls vom Wasser her zu erreichen. Strandbäder reichen von einfachen Anlagen, an denen man sein Handtuch im Gras ausbreitet, bis zum Beach-Resort mit luxuriösen Liegen, Restaurant und Lounge-Musik. Vorsicht beim Baden in den Gumpen der Gebirgsbäche: Die Strömung kann gefährlich sein!
Bergsport: Das Tessin und die angrenzenden italienischen Bergregionen sind ein Wanderparadies, die Aufstiege dort allerdings häufig sehr steil. Dank etlicher Seilbahnen lassen sich auch schöne Gipfelwanderungen unternehmen. Eine Herausforderung stellt der Nationalpark Val Grande mit seiner Bergwildnis dar. Viele der zerklüfteten Gipfelgrate wie das Grigna-Massiv am Comer See sind durch gut gesicherte Klettersteige („vie ferrate") erschlossen.
Radfahren: Italiener sind begeisterte Sport-Fahrradfahrer und oft an den Wochenenden in größeren Gruppen vor allem in der flachen Poebene unterwegs. Im gebirgigen Gelände um die Seen kommen Mountainbiker auf ihre Kosten. Routenbeschreibungen gibt es bei den Tourismusbüros. In Mailand bietet *MilanoBi* Fahrräder an Stationen im gesamten Stadtgebiet im Bikesharing an (www.bikemi.com).
Wassersport: Segeln, wind- und kitesurfen, Kajak fahren und tauchen können Sie an allen Seen. Schulen und Ausrüstungsverleiher finden Sie in den meisten größeren Orten.
Wintersport: Tessin, Lombardei und Trentino warten mit zahlreichen gut erschlossenen Skigebieten auf, z. B.: Adamello Ski am Ende des Val Camonica (www.pontedilegnotonale.com), Valchiavenna nördlich des Lago Maggiore mit neuem Snowpark (www.skiareavalchiavenna.it) oder das winzige, aber aussichtsreiche Cardada Cimetta (www.cardada.ch) nahe Locarno. Einen Überblick gibt es unter www.bergfex.de.

Info

Geschichte

ab 5. Jh. v. Chr.: Einwanderung von Kelten.
ab 200 v. Chr.: Römische Eroberung und Gründung von Siedlungen wie Como (Novum Comum), Brescia (Brixia) oder Mailand (Mediolanum).
5.–8. Jh.: Germanische Gruppen übernehmen die Herrschaft; auf West- und Ostgoten folgen Langobarden, die Pavia im Jahr 572 zur Hauptstadt ihres Reiches erklären.
774: Karl der Große (747–814) erobert das Langobardenreich und wird 800 vom Papst zum Römischen Kaiser gekrönt.
11./12. Jh.: Soziale Spannungen in den Städten und Aufstände gegen den Kaiser erschüttern die Region. Verona untersteht kaisertreuen Skaligern; in Mailand kämpfen Ghibbelinen (kaiserliche) und Guelfen (päpstliche) um die Vorherrschaft. Viele Städte agieren als autonome Republiken.
12./13. Jh.: Die Stauferkaiser Friedrich I. Barbarossa (um 1122–1190) und Friedrich II. (1194–1250) versuchen vergeblich, die Kontrolle über die oberitalienischen Städte zurückzugewinnen.
14./15. Jh.: Die Visconti ergreifen in Mailand die Macht. Auch Venedig erhebt Ansprüche. Bergamo, Brescia und Verona begeben sich unter den Schutz der Serenissima.
Ende des 15. Jh.s: Unter „El Moro" Sforza (1452–1508) wächst Mailand zur bevölkerungsreichsten Stadt Europas. Der Herzog führt die Seidenraupenzucht ein und legt so die Grundlage für den Wohlstand von Mailand und Como.
16. Jh.: Die spanischen Habsburger errichten ab 1556 eine Schreckensherrschaft über die Lombardei.
18. Jh.: Österreicher lösen die Spanier ab. Unter Maria Theresia kommt es zu einem Ausbau der Infrastruktur und zur Öffnung der Schulen und Universitäten.
1796: Napoleon erobert Oberitalien und gründet die Republik Cisalpina. Die Eidgenossenschaft gliedert er in 19 Kantone, darunter das nach dem Hauptfluss benannte Ticino. 1815 stellt der Wiener Kongress die Lombardei wieder unter österreichische Herrschaft; die Schweiz gewinnt ihre Neutralität.
1827: Ausbau der Straße über den Gotthard.
1861: Risorgimento. Unter Giuseppe Garibaldi werden mithilfe Frankreichs und des Königreichs Sardinien die Österreicher vertrieben. Gründung des Königreichs Italien.
1882: Die Eisenbahn durch den Gotthard-Tunnel nimmt ihren Betrieb auf; das Tessin erlebt einen wirtschaftlichen Aufschwung.
1. Hälfte des 20. Jh.s: Beide Weltkriege richten Verwüstungen an. Nach Mussolinis Sturz 1943 wird der Diktator 1945 am Comer See von Partisanen gefasst und hingerichtet.
Ab 1946: Nach der Gründung der Republik Italien entwickelte sich Norditalien zum wirtschaftlichen Motor des Landes.
Ab den 1990er-Jahren: Aufstieg der rechten Parteien Lega Nord und Forza Italia.
2016: Der Gotthard-Basistunnel – mit 57 km längster Eisenbahntunnel der Welt – verkürzt Bahnfahrten zwischen Schweiz und Italien.
2020: Die Lombardei ist die von Covid-19 am schlimmsten betroffene Region, Bergamo die am schlimmsten betroffene Provinz Italiens.
2023 Hitzerekorde und Dürre gefolgt von Sturm, Regen und Überschwemmungen halten im Herbst die Region in Atem.

Sprache

Das Ticino gehört zum italienischsprachigen Teil der Schweiz; die meisten im Tourismus Beschäftigten verstehen und sprechen hier aber auch Deutsch. Anders ist das im italienischen Teil der Oberitalienischen Seen, wo Italienisch- oder Englischkenntnisse hilfreich sind. Eine Ausnahme macht der Gardasee, das traditionelle Ferienziel vieler Süddeutscher – in einigen Touristenhochburgen wird man hier sogar verblüfft angesehen, wenn man sich mit ein paar Brocken Italienisch abmüht.

Telefon/Internet

Seit Wegfall der Roaming-Gebühren innerhalb der EU telefonieren, simsen und surfen Sie in Italien zu denselben Bedingungen wie zuhause. Das gilt allerdings nicht für die Schweiz! In grenznahen Regionen sollte man daher genau darauf achten, in welches Netz sich das Handy eingeloggt hat. In Italien, nicht aber in der Schweiz wird beim Telefonieren auch innerorts die Vorwahl inklusive der 0 gewählt. Die dreistelligen Vorwahlnummern des italienischen Mobilfunks beginnen mit einer 3. Landesvorwahl für Italien ist die 0039, für Deutschland 0049, Österreich 0043 und die Schweiz 0041.

Unterkunft

In der Region gibt es zahlreiche Hotels im Vier- und Fünf-Sterne-Bereich, gute Häuser der Mittelklasse sind dagegen eher rar. Empfehlenswert ist ein Aufenthalt in einem Agriturismo (Ferien auf dem Bauernhof). Diese Betriebe sind meist sehr günstig und bieten persönliche Betreuung sowie ein breites Freizeitangebot. Eine Übersicht findet sich auf www.agriturismo.it. Tipps für die Unterkunft finden Sie auf den jeweiligen Infoseiten dieses Bildatlas.

Preiskategorien

€€€€	DZ	über 210 CHF/220 €
€€€	DZ	140–210 CHF/150–220 €
€€	DZ	95–140 CHF/100–150 €
€	DZ	bis 95 CHF/100 €

REGISTER

Impressum

5. Auflage 2024

Verlag: DuMont Reiseverlag, Postfach 3151, 73751 Ostfildern, Tel. 0711/4502-0, Fax 0711/8 26 51-333, www.dumontreise.de
Geschäftsführer(in): Dr. Stephanie Mair-Huydts, Markus Schneider
Programmleitung: Andrea Wurth
Redaktion: Susanne Völler (Redaktionsbüro Völler, Köln)
Text: Daniela Schetar und Friedrich Köthe
Exklusiv-Fotografie: Thilo Weimar
Titelbild: lookphotos/Daniel Schoenen Fotografie (Park der Villa Monastero, Varenna, Comer See)
Zusätzliches Bildmaterial: S. 6/7 o. Lookphotos/The Travel Library, 6 r. und 7 o. r. DuMont-Bildarchiv/Ernst Wrba, 8/9 DuMont Bildarchiv/Markus Kirchgessner, 20/21 DuMont Bildarchiv/Sabine Lubenow, 22 o. Hotel Concazurra, 23 o. l. Agriturismo Il Pianetto, 23 o. r. Lookphotos/Jan Greune, 23 u. r. laif/Berthold Steinhilber, 26/27, 32 und 35 o. DuMont Bildarchiv/Florian Werner, 37 laif/hemis.fr/René Mattes, 44 u. und 48/49 Lookphotos/Ingolf Pompe, 50 l. mauritius images/Alamy/ISP Photography, 50 r. Thilo Weimar, 51 o. l. DuMont Bildarchiv/Axel M. Moser, 51 o. r. laif/Cornelis Gollhardt und Stephan Wieland, 51 u. Thilo Weimar, 53 l. DuMont Bildarchiv/ Axel M. Moser, 53 r. Lookphotos/Hauke Dressler, 54 l. laif/Aurora/Dave Yoder, 54 r. M. picture-alliance/KPA/TopFoto, 55 iStockphoto/andresr, 63 o. r. DuMont Bildarchiv/Axel M. Moser, 64 M. r., 68, 70 und 71 DuMont Bildarchiv/Florian Werner, 73 l. DuMont Bildarchiv/Ernst Wrba, 73 r. u. DuMont-Bildarchiv/Axel M. Moser, 81 o. l. Lookphotos/age fotostock, 81 o. r. Schapowalow/SIME/Matteo Carassale, 87 o. DuMont Bildarchiv/Ernst Wrba, 88 o. DuMont Bildarchiv/Udo Bernhart, 104/105 DuMont Bildarchiv/Sabine Lubenow, 111 DuMont Bildarchiv/Michael Riehle, 112 r.o. Shutterstock/Victoria Karlova, 113 Shutterstock/M. Drew Martin, 114 l. Ar.Pe.Pe., 114 r. Le Chiusure, 115 o. l. und o. r. Thilo Weimar, 115 u. Ca' del Bosco, 116 DuMont-Bildarchiv/Axel M. Moser, 117 DuMont Bildarchiv/Michael Riehle, 120 l. picture-alliance/Shotshop/Joana Kruse, 120 r. iStockphoto/bonottomario, 121 o. l. Shutterstock/Tatiana Vorona, 121 o. r. Shutterstock/Sabino Parente, 121 u. Shutterstock/leoks

Grafische Konzeption, Art Direktion: fpm factor product münchen
Cover Gestaltung, Layout: CYCLUS · Visuelle Kommunikation, Stuttgart
Kartografie: © MAIRDUMONT GmbH & Co. KG, Ostfildern
Kartografie Lawall (Karten für „Unsere Favoriten")
DuMont Bildarchiv: Marco-Polo-Straße 1, 73760 Ostfildern, bildarchiv@mairdumont.com

Anzeigenvermarktung: MAIRDUMONT MEDIA, Tel. 0711 450 2-0, Fax 0711 45 02 10 12, media@mairdumont.com, http://media.mairdumont.com
Vertrieb Zeitschriftenhandel: PARTNER Medienservices GmbH, Postfach 810420, 70521 Stuttgart, Tel. 0711 72 52-212, Fax 0711 72 52-320
Vertrieb Abonnement: Leserservice DuMont Bildatlas, Zenit Pressevertrieb GmbH, Postfach 810640, 70523 Stuttgart, Tel. 0711/82651-265, Fax 0711/82651-333, dumontreise@zenit-presse.de
Vertrieb Buchhandel und Einzelhefte: MAIRDUMONT GmbH & Co. KG, Marco-Polo-Straße 1, 73760 Ostfildern, Tel. 0711 45 02 0, Fax 0711 45 02 340
Reproduktionen: PPP Pre Print Partner GmbH & Co. KG, Köln

Printed in Germany

Urlaub erinnern …

Jeder Urlaub geht einmal zu Ende – was bleibt, sind die Mitbringsel, aber auch die Erinnerungen an Land und Leute, an Aromen und Düfte und an manche Kuriosität.

DAS LIEBLINGSSTÜCK

Von Slingback-Ballerinas aus Kalbsleder von Valentino habe ich geträumt – aber über 500 € für so eine Kleinigkeit ausgeben? In Mailand habe ich sie dann im DMagazine Outlet zum halben Preis entdeckt. Immer noch teuer, aber sooo elegant! Sie erinnern mich an jenen magischen lombardischen Frühlingstag.

WEIN AUS DEM BECHER

In den Tessiner „grotti" wird Wein meist noch in Keramikschalen serviert, die an Müslischüsselchen erinnern. Schnell hat man derart Gefallen daran gefunden, dass man die „tazzini" auch zu Hause nicht mehr missen möchte. Besonders formschöne haben wir bei Ceramiche d'Arte Gandria (La Pergura 2, Gandria, https://costaceramiche.com) entdeckt.

VOGELFREI

Sie ist einer der kühnsten Aussichtspunkte auf den Gardasee. Die Terrazza del Brivido schwebt über dem Steilhang am Westufer, Malcesine direkt gegenüber (Hotel Paradiso, Viale Europa 19, Tremosine sul Garda, Tel. 0365 95 30 12, https://terrazzadelbrivido.it/). Es genügt völlig, wenn Sie etwas zu trinken bestellen, um den Blick aus der Vogelperspektive und das Kitzeln im Bauch zu genießen – unvergesslich!

ECHO AUS DER URZEIT

300 000 Felsritzungen soll es im 25 Kilometer langen Val Camonica geben. Wir haben nur eine kleine Auswahl besichtigt, und davon hat uns der ulkige Hirsch mit dem an Tannenzweige erinnernden Geweih besonders gefallen. Als hätte sich das Rentier Rudolf mit der roten Nase in die lombardische Steinzeit verirrt! Ganz falsch war diese Idee freilich nicht, denn es ist ein Elch. Ein richtig putziger sogar, dessen Foto nun an unserem Schwarzen Brett hängt.

DER DUFT MAILANDS …

… ist mit nichts zu vergleichen. Sobald der „cameriere" mit einem ausgehöhlten Parmesanlaib an den Tisch tritt, in dem goldgelbes Risotto seiner Vollendung harrt, umschmeicheln feine Duftschwaden die Nase. Der Kellner flambiert das Ganze mit Brandy, und der Duft explodiert (etwa in der Osteria Conchetta, Via Conchetta 8, Tel. 02 8 37 29 17, www.osteriaconchetta.it). Wenn wir Risotto Milanese zubereiten, haben wir ihn immer noch in der Nase.

WER HAT DIE BESTE POLENTA IM GANZEN LAND?

Darüber lässt sich trefflich streiten – und außerdem könnten wir die fertige Polenta ohnehin nicht mitnehmen. Für das Polenta-Erlebnis zu Hause empfehlen wir deshalb Instant-Polenta von Bergamo Dolce, die gut sortierte Delikatessengeschäfte, aber auch Supermärkte im Sortiment führen.

ÜBER DEN WIND

Noch bevor wir ihn spüren, macht er sich auf dem Wasser bemerkbar: Welle eins, oho. Welle zwei, heftig! Welle drei, ein sanfter Nachklang. Dann ein paar plätschernde Wellen hinterher, und es geht von vorn los. Gegen Mitternacht kommt der Pelér im Norden des Gardasees auf, am Morgen erreicht er das Südufer. Er erfrischt die Hitzegeplagten und erfreut die Surfer. Wenn bei uns eisige Nordstürme wüten, denken wir an den Pelér, so kühl und angenehm.

DENK ICH AN VERONA …

Mit Verona assoziiert man gemeinhin Arena, Oper und Julia. Wir erinnern uns vor allem an die majestätische Romanik der Basilica di San Zeno und das rührende Renaissance-Retabel von Andrea Mantegna. 300 Jahre liegen zwischen Kirchenbau und Tafelbild, und doch harmonieren sie so perfekt.

»IM GANZEN BLIEB ICH SIEBEN TAGE OHNE ESSEN. WÄHREND DIESER ZEIT SCHÄLTE UND ERNEUERTE SICH MEINE HAUT, ICH GEWÖHNTE MICH AN NACKTSEIN, HARTES LIEGEN, AN SONNENHITZE UND KALTEN NACHTWIND. WÄHREND ICH ZU ERLIEGEN GLAUBTE, WURDE ICH FEST UND ZÄH …«

Hermann Hesse über seine Zeit auf dem Monte Verità im April 1907

… UND AN BERGAMO

Wir sind mit mulmigem Gefühl nach Bergamo gefahren, die schrecklichen Szenen von Särgen auf Militär-Lkws im Kopf, die zu Beginn der Covid-19-Pandemie im März 2020 durch die Medien geisterten. Zurückgekommen sind wir mit dem Bild einer hinreißend liebenswerten, multikulturellen Stadt, die die Hoffnung nicht verloren hat.

PRO
GRAMM

HAMBURG

Alles anders, alles neu?
Hamburg erfindet sich neu: Dank Elbphilharmonie und HafenCity strömen mehr Touristen in die Stadt als je zuvor.

Shoppingtipps
Wo kauft die Hanseatin, der Hanseat? Die besten Adressen ...

Sprung über die Elbe
Ausflugstipps fürs Alte Land, in die Lüneburger Heide, nach Bergedorf oder Ahrensburg.

COSTA RICA

Tierische Erlebnisse
Affen und Krokodile, Tukane und Leguane, grandiose Möglichkeiten zur Tierbeobachtung gibt es vielerorts.

Strandparadiese
Mehr als 1000 km Pazifik- und 200 km Karibikküste – da ist für jeden der ideale Strand dabei.

Land ohne Armee
Null Dollar fürs Militär. Kann das dauerhaft gut gehen?

www.dumontreise.de

LIEFERBARE AUSGABEN